RELIGION VERNETZT PLUS 5

Herausgegeben von
Prof. Dr. Hans Mendl und
Prof. Dr. Markus Schiefer Ferrari

Erarbeitet von
Nadine Bauer,
Klaus König,
Dr. Annegret Langenhorst,
Tobias Noss,
Anton Schwarzmann und
Elisabeth Willis

KÖSEL SCHULBUCH

RELIGION VERNETZT PLUS 5

Unterrichtswerk für katholische Religionslehre am Gymnasium

Herausgegeben von
Prof. Dr. Hans Mendl und Prof. Dr. Markus Schiefer Ferrari

Erarbeitet von
Nadine Bauer, Klaus König, Dr. Annegret Langenhorst, Tobias Noss,
Anton Schwarzmann und Elisabeth Willis

Unter Rückgriff auf die Ausgabe *Religion vernetzt 5*,
herausgegeben von Prof. Dr. Hans Mendl und Prof. Dr. Markus Schiefer Ferrari,
erarbeitet von Dr. Roland Feucht, Bernhard Haberl, Rudolf Sponsel und Edeltraud Weber

Zugelassen als Lehrbuch für den katholischen Religionsunterricht am Gymnasium von den Diözesanbischöfen von Augsburg, Bamberg, Eichstätt, München und Freising, Passau, Regensburg und Würzburg.

Redaktion: Jürgen Hahnemann • sprach-bild.de
Illustrationen: Petra Dorkenwald, München
Karten: Detlef Seidensticker, München (S. 37, 38, 66, 110f., 134)
Notensatz: Holger Jeschke, Hamburg
Umschlaggestaltung: Rosendahl Berlin
Layoutkonzept: Ungermeyer, Berlin
Technische Umsetzung: krauß-verlagsservice/Thomas Werner

www.cornelsen.de
www.oldenbourg.de

1. Auflage, 1. Druck 2017

Alle Drucke dieser Auflage sind inhaltlich unverändert und können im Unterricht nebeneinander verwendet werden.

Druck: Firmengruppe APPL, aprinta Druck, Wemding

ISBN 978-3-06-065523-6 (Schülerbuch)
ISBN 978-3-06-065709-4 (E-Book)

PEFC zertifiziert
Dieses Produkt stammt aus nachhaltig bewirtschafteten Wäldern und kontrollierten Quellen.

PEFC™
PEFC/04-32-0928

www.pefc.de

Liebe Schülerinnen, liebe Schüler!

Willkommen an der neuen Schule und im Religionsunterricht! Sicher seid ihr neugierig, was euch im Fach „Reli" erwartet, und habt schon in eurem Religionsbuch geblättert.

Der Buchtitel „Religion vernetzt PLUS" bedeutet:

- In der Auseinandersetzung mit den Themen dieses Jahres könnt ihr euer Verständnis von Religion und Glauben, euer „religiöses Netzwerk", weiterentwickeln.
- Dies geschieht im gemeinsamen Gespräch und kreativen Tun mit anderen, also im „Netzwerk" eurer Klasse bzw. Lerngruppe.
- Das Buch lädt auch dazu ein, über den eigenen Tellerrand hinauszublicken und in Medien wie dem Internet Religion zu entdecken und Verbindungen zu knüpfen.
- Das „PLUS" könnt ihr als Anregung verstehen, immer intensiver in die Welt der Religion einzutauchen, sie im Alltag wahrzunehmen und religiöses Wissen zu erwerben. Es geht darum, urteilsfähig zu werden und sich selbst religiös ausdrücken zu können.
- Das „PLUS" kann man auch als +, also wie ein Kreuz schreiben. Der erste Bezugspunkt eures Nachdenkens über Religion ist der christliche Glaube.

So sind die einzelnen Kapitel aufgebaut:

- Das Bild und die Informationen auf der ersten Doppelseite lenken euren Blick auf das Thema des Kapitels.
- Die **Netzkarte** auf der zweiten Doppelseite bietet euch eine Übersicht über die einzelnen Stationen des Kapitels – und damit auch die Möglichkeit, euren Lernweg gemeinsam mit eurer Lehrerin, eurem Lehrer zu planen. Eine Gesamt-Netzkarte, die alle fünf Kapitel miteinander verknüpft, findet ihr auf ▸ S. 140.
- Auf der Seite mit dem Hinweis **„So geht's"** wird jeweils eine besonders wichtige Methode vorgestellt. Sie erleichtert euch die Erschließung des aktuellen Themas, ist aber in den anderen Kapiteln ebenso hilfreich.
- Die abschließenden Lernaufgaben unter der Überschrift **„Zeige, was du kannst"** ermöglichen euch, euer Wissen und eure Fähigkeiten anzuwenden. Sie bündeln das Gelernte und vernetzen es mit Inhalten und Methoden aus den anderen Kapiteln.

Am Ende des Buches findet ihr weitere nützliche **Methoden** (▸ S. 124). Auf diese wird auch in den Arbeitsaufträgen mithilfe eines ▸ blauen Pfeils verwiesen. Durch diese Methoden lernt ihr, euch selbstständig religiöse Fragestellungen zu erarbeiten.
Vor manchen Begriffen oder Namen steht ein ▸ hellbrauner Pfeil. Dieser verweist auf das **Lexikon** hinten im Buch (▸ S. 130). Hier werden diese Begriffe in alphabetischer Reihenfolge mit Text und Bild erläutert.

Eure Autorinnen, Autoren und Herausgeber

Inhalt

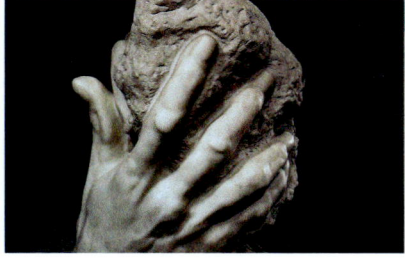

1 Bibel – die Heilige Schrift

▲ *Quint Buchholz, 1988*

Am Anfang seines Buches über Jesu Leben und Wirken schreibt der ▶ Evangelist Johannes:

❱❱ *Und das Wort ist Fleisch geworden und hat unter uns gezeltet.* ❰❰ *Joh 1,14*

1 Betrachtet und vergleicht die beiden Bilder.
   ▪ Beschreibt die Position der Menschen und die Bedeutung, die das Buch für sie hat.
   ▪ Fühlt euch jeweils in die Körperhaltung ein. Nehmt euch Zeit dafür und achtet auf die Empfindungen und Gedanken, die dabei in euch aufsteigen.
2 Viele Menschen haben ein Lieblingsbuch. Welches Buch ist zurzeit dein Lieblingsbuch? Stelle es vor und erkläre, was es zu deinem Lieblingsbuch macht.
3 Die Bibel ist ein Buch voller Geschichten. Manche davon kennt ihr bereits.
   ▪ Erzähle deine biblische Lieblingsgeschichte nach.
   ▪ Führt ein ▶ Interview mit Menschen aus eurem Bekanntenkreis: Was bedeutet ihnen die Bibel? Fragt sie auch nach ihren Lieblingsgeschichten aus der Bibel.
4 Die Bibel wurde ursprünglich in hebräischer und griechischer Sprache geschrieben. Der Bibelvers oben ist gar nicht so leicht ins Deutsche zu übersetzen: Das griechische Wort, das dort steht, heißt wörtlich „zelten", kann aber auch „wohnen" bedeuten. Denn damals lebten viele Menschen in Zelten. Die meisten deutschen Bibeln übersetzen deshalb „... und hat unter uns gewohnt".
   ▪ Gestaltet eine ▶ Mindmap zu den Wörtern „wohnen" und „zelten". Erläutert den Unterschied zwischen den beiden Übersetzungen.
   ▪ Diskutiert: Kann ein Wort Fleisch werden? Wie ist das zu verstehen?
5 Lest und vergleicht die beiden Zitate auf dieser Seite.
   ▪ Findet Gemeinsamkeiten in den Aussagen der Texte.
   ▪ Erklärt, was die Ordensschwester Analuisa damit meint, dass in der Bibel „Jemand" alle Menschen erwartet.

Tipp zu Aufgabe 4: Mehr über Bibelübersetzungen erfahrt ihr auf ▶ S. 27.

❱❱ *Die Bibel ist für mich mein Haus, unser Haus. Sie ist ein Unterschlupf für alle Menschen, wo „Jemand" mich erwartet, mich freundlich empfängt, mich fest umarmt, das Essen bereitet. In ihr lehrt mich jemand zu spielen und zu lachen, zu lieben, und wiederholt immer und immer wieder für mich den Satz „Ich liebe dich". Für mich und für jeden Menschen schon seit vielen Generationen. Die Bibel lässt mich erfahren, dass mein Herz zusammen schlägt mit dem Herz anderer Menschen, die ich nicht einmal kenne. Aber Gott kennt sie gut und er möchte, dass wir eine „Familie" sind, die großartige, schöne „Menschheitsfamilie".* ❰❰
Analuisa Cusán, Ordensschwester aus Argentinien

◀ *Quint Buchholz, 1990*

Netzkarte

Diese Doppelseite zeigt dir einen Weg durch das erste Kapitel. Du wirst lernen, Bibelstellen zu finden, biblische Texte und deren Sprachbilder zu verstehen und zu deuten. Und du erfährst auch, warum die Bibel für viele Menschen bis heute ein Schatz ist.

... ein Gebetbuch

... ein Buch fürs Leben

... ein Buch voller Sprachbilder

... ein Buch mit Geschichten von Gott und den Menschen

1 Gestalte eine Seite in deinem Religionsheft mit Zeichnungen zu biblischen Geschichten, die du aus der Grundschule kennst.

2 Suche die Bilder, die du hier siehst, auf den Folgeseiten. So kannst du dir einen Überblick über die Themen dieses Kapitels verschaffen.
   - Trage mit deinen Mitschülerinnen und Mitschülern zusammen, was für dich neu ist.
   - Entscheidet gemeinsam mit eurer Lehrerin, eurem Lehrer, mit welchen Fragen ihr beginnen wollt.

3 Der Pfarrer, von dem das Zitat auf der rechten Seite stammt, bezeichnet sich auch als „Gottsucher". Beschreibe, wie ihm die Bibel auf der Suche nach Gott hilft.

... ein Hoffnungsbuch

... eine Bibliothek

1 Bibel

Die Bibel ist ...

... ein heiliges Buch

... ein Buch für alle

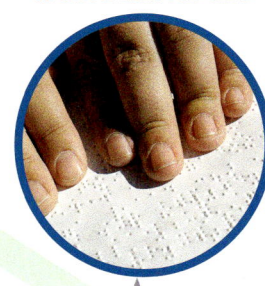

> » Die Bibel ist für mich wie eine große Landkarte. Die betrachte ich oft und gern, weil ich da so viel lernen kann über Gott und die Welt wie sonst nirgends. Und ich entdecke darin Hoffnungswege – mit einem guten Ziel für uns Menschen und für alles, was lebt. « *Michael Kneißl, Pfarrer*

Die Bibel – viele Bücher, zwei Sprachen, eine Bibliothek

Die meisten Bücher des Alten Testaments, des ersten Teils der Bibel, wurden auf Hebräisch verfasst – das war und ist die Sprache des Volkes ▶ Israel. Jesus war Jude und kannte die heiligen Schriften Israels. Die Bücher über Jesus selbst, seine Jünger und die ersten Christen sind in griechischer Sprache geschrieben. Das Griechische war ab etwa 300 v. Chr. die „Weltsprache" für alle Bewohnerinnen und Bewohner der Länder rund um das Mittelmeer.

In der unten stehenden Erzählung aus dem Lukasevangelium sind einige Verse in griechischer und hebräischer Sprache gedruckt.

Jesus in der Synagoge von Nazaret

Καὶ ὑπέστρεψεν ὁ Ἰησοῦς ἐν τῇ δυνάμει τοῦ πνεύματος εἰς τὴν Γαλιλαίαν. καὶ φήμη ἐξῆλθεν καθ' ὅλης τῆς περιχώρου περὶ αὐτοῦ. καὶ αὐτὸς ἐδίδασκεν ἐν ταῖς συναγωγαῖς αὐτῶν δοξαζόμενος ὑπὸ πάντων.

[16] So kam er auch nach Nazaret, wo er aufgewachsen war, und ging, wie gewohnt, am Sabbat in die Synagoge. Als er aufstand, um vorzulesen, [17] reichte man ihm die Buchrolle des Propheten Jesaja. Er öffnete sie und fand die Stelle, wo geschrieben steht:

רוּחַ אֲדֹנָי יְהוִה עָלָי יַעַן מָשַׁח יְהוָה אֹתִי לְבַשֵּׂר עֲנָוִים שְׁלָחַנִי לַחֲבֹשׁ לְנִשְׁבְּרֵי־לֵב לִקְרֹא לִשְׁבוּיִם דְּרוֹר וְלַאֲסוּרִים פְּקַח־קוֹחַ: לִקְרֹא שְׁנַת־רָצוֹן לַיהוָה וְיוֹם נָקָם לֵאלֹהֵינוּ לְנַחֵם כָּל־אֲבֵלִים:

[20] Dann schloss er die Buchrolle, gab sie dem Synagogendiener und setzte sich. Die Augen aller in der Synagoge waren auf ihn gerichtet. [21] Da begann er, ihnen darzulegen: Heute hat sich das Schriftwort, das ihr eben gehört habt, erfüllt. [22] Alle stimmten ihm zu; sie staunten über die Worte der Gnade, die aus seinem Mund hervorgingen.

Lk 4,14–22a

▲ *Überreste der ▶ Synagoge von Kafarnaum. Diese Synagoge wurde um 385 n. Chr. an der Stelle einer früheren Synagoge erbaut, in der auch Jesus predigte.*

1 Schlagt in einer Bibel ▶ Lk 4,14–22a nach und lest die ganze Geschichte auf Deutsch.

2 Sammelt Ideen, warum hier im Buch gerade der mittlere Abschnitt der Erzählung in hebräischer Sprache wiedergegeben ist.

3 Sucht zu den Abkürzungen der ersten fünf Bücher im Alten Testament und der ersten fünf Bücher im Neuen Testament (siehe Bücherregal) die vollständigen Namen.
- Schlagt dazu im ▶ Anhang einer Bibelausgabe das Verzeichnis der biblischen Bücher auf.
- Sammelt eure Ergebnisse in einer Tabelle mit einer Spalte für das Alte Testament und einer Spalte für das Neue Testament.

4 Gestaltet ein Titelbild zu einer Bibelausgabe, das zum Zitat von Klaus Meine passt.

Tipp zu Aufgabe 1: Wie du eine Bibelstelle nachschlagen kannst, steht auf ▶ S. 124/125.

73 Bücher in einem Buch

In den Wörtern „Bibel" und „Bibliothek" steckt die gleiche sprachliche Wurzel, das griechische Wort *tà biblía*. Es bedeutet „die Bücher", denn die Bibel besteht aus vielen einzelnen Büchern – erst die Römer haben das Wort *biblía* später als Einzahl aufgefasst. Die Bibel ist also ein Buch aus vielen Büchern, eine Bibliothek in einem Buch.

» *Die Bibel ist mein Buch, eine Umarmung des Lebens.* «
Klaus Meine, Sänger der Rockband „Scorpions"

Ein Hoffnungsbuch entsteht

Ähnlich wie in Familien Erinnerungen an frühere Zeiten gesammelt und erzählt werden, haben die Menschen in ▶ Israel auch früher bedeutende Erfahrungen in Geschichten festgehalten – insbesondere ihre Erfahrungen mit Gott. Sie erzählten diese Geschichten ihren Kindern, die sie wiederum an ihre Kinder weitergaben. Die Erinnerung daran, dass Gott sich ihnen immer wieder offenbart hat und zu ihnen hält, gab den Israeliten Mut und Hoffnung, wenn sie in Not waren. Diese Hoffnungsgeschichten der Bibel können auch heute noch Orientierung im Leben und Trost in schwierigen Situationen schenken.

Geschichten werden gesammelt

Zunächst wurden die Geschichten mündlich weitergegeben. Erst später, ab dem 7. Jahrhundert v. Chr., wurden sie zu längeren Erzählungen zusammengefasst und aufgeschrieben. Darin ging es um die Geschichte Gottes mit seinem Volk Israel, z. B. die Verheißung an Abraham und Sara (▶ S. 21) oder die Berufung des Mose und die Befreiung der Israeliten aus der Sklaverei in Ägypten.

Im 6. Jahrhundert v. Chr. wurden viele Israeliten nach Babylon verschleppt und mussten jahrzehntelang fern von ihrer Heimat leben. Damals erinnerten sie sich daran, dass ihr Gott ▶ Jahwe immer bei ihnen ist, und hofften, dass er sie retten würde. Sie fragten sich aber auch, was sie in Zukunft besser machen müssten, damit es nicht wieder zu einer derartigen Katastrophe kommt. So wurden ältere Erzählungen neu gedeutet und weitergeschrieben; weitere Geschichten, Gebete und wichtige Gebote kamen hinzu. Dazu gehörten z. B. auch die Texte der ▶ Propheten, die die Menschen mahnten, trösteten und in ihrem Glauben an Jahwe stärkten.

Im 3. Jahrhundert v. Chr. war die Schriftensammlung der hebräischen Bibel weitgehend abgeschlossen und wurde schließlich auch ins Griechische übersetzt.

》 ³ Was uns die Väter erzählten,
⁴ das wollen wir ihren Kindern nicht verbergen,
sondern dem kommenden Geschlecht erzählen:
die ruhmreichen Taten des Herrn und seine Stärke,
die Wunder, die er getan hat.
⁵ (…) Weisung gab er in Israel
und gebot unseren Vätern,
ihre Kinder das alles zu lehren,
⁶ damit das kommende Geschlecht davon erfahre,
die Kinder, die noch geboren werden;
sie sollen aufstehen und es ihren Kindern erzählen,
⁷ damit sie ihr Vertrauen auf Gott setzen,
die Taten Gottes nicht vergessen,
und seine Gebote bewahren. 《   Ps 78,3b–7

▲ Die älteste bekannte Handschrift mit einem Buch der Bibel, eine Abschrift des Buches des Propheten Jesaja (Qumran, 2. Jahrhundert v. Chr.)

》 Siehe, das ist unser Gott, auf ihn haben wir gehofft, dass er uns rettet. Das ist der Herr, auf ihn haben wir gehofft. Wir wollen jubeln und uns freuen über seine rettende Tat. 《   Jes 25,9

》 Und auf seinen Namen werden die Völker ihre Hoffnung setzen. 《   Mt 12,21

Die Entstehung der Evangelien

Aus dieser Zuversicht heraus, dass Gott die Menschen immer begleitet, deuteten im 1. Jahrhundert n. Chr. auch die vier ▸ Evangelisten Matthäus, Markus, Lukas und Johannes die Worte und Taten Jesu. Etwa vierzig bis siebzig Jahre nach seinem Tod verfassten sie ihre Evangelien auf der Grundlage mündlicher Erzählungen und vereinzelter schriftlicher Quellen. In den Evangelien geht es nicht um eine historisch exakte Reportage des Lebens Jesu, sondern um die Bedeutung, die Jesus für den Glauben hat. Sein Tod und seine Auferstehung sollen bei den Leserinnen und Lesern die Hoffnung auf ewiges Leben wecken.

Von einzelnen Schriften zur Bibel

Getragen von dieser frohen Botschaft sammelten und ordneten die ersten Christinnen und Christen weitere Schriften. So entstanden bis zum 4. Jahrhundert n. Chr. zahlreiche Schriften, aus der sie eine Auswahl treffen mussten. Dabei stellten sie ihrer neuen Schriftensammlung bewusst die Bücher des Alten Testaments voran, um zu zeigen, dass das Neue Testament im Licht der Schriften des Volkes Israel zu verstehen ist.

Damit alle Menschen der damaligen Welt diese Hoffnungsgeschichten hören konnten, übersetzte der heilige ▸ Hieronymus die Bibel im 4. Jahrhundert n. Chr. aus den Originalsprachen Hebräisch und Griechisch ins Lateinische. Diese Bibelübersetzung nennt man *Vulgata*, das bedeutet: „im Volk verbreitet". Im 16. Jahrhundert übersetzte Martin ▸ Luther die Bibel ins Deutsche.

Von der Schriftrolle zum Kodex

Die Texte der Bibel wurden auf Schriftrollen geschrieben, die aus den Blättern der Papyrusstaude hergestellt waren. Später verwendete man lieber das haltbarere, aber teurere Pergament, das aus Tierhäuten gefertigt wurde. Wenn die Bögen beschrieben waren, wurden sie gefaltet und zusammengebunden. So entstand der ▸ Kodex, der Vorläufer des modernen Buches.

▲ Buchmalerei, Evangeliar von Lindisfarne, 8. Jahrhundert n. Chr.

1 Sucht aus dem Zitat über der Papyrusrolle Gründe heraus, warum die Erzählungen der Bibel sorgfältig aufgeschrieben wurden.

2 Erstellt mithilfe des Textes ein ▸ Schaubild über die wichtigsten Entstehungsphasen der Bibel. Erklärt, warum die Bibel als Hoffnungsbuch zu verstehen ist. Die Zitate unter der Papyrusrolle helfen euch dabei.

3 Findet eine Begründung, warum die christliche Bibel manchmal als „zweieine" Bibel bezeichnet wird.

4 Die großen Buchstaben auf dem Bild oben verraten, dass hier der „Heilige Matthäus" abgebildet ist. Außerdem sind ein Engel mit Posaune und der ▸ Prophet Jesaja zu erkennen.

- Beschreibt die Figuren, Gegenstände und Farben auf dem Bild.
- Erklärt die Bedeutung des Bildes. Berücksichtigt dabei auch die Texte auf dieser Doppelseite.

Mit der Bibel beten – die Psalmen

Die Bibel ist voller Gebete. Im Alten Testament gibt es sogar ein ganzes Buch mit Gebeten, den Psalmen. Das Wort „Psalm" stammt aus dem Griechischen und bedeutet „Saitenspiel" – die Psalmen waren nämlich Gebete, die zum Spiel der Zither gesungen und vorgetragen wurden. Sie sind zwischen dem 6. und 4. Jahrhundert v. Chr. entstanden. Später wurden viele davon König ▸ David zugeschrieben.

Die Psalmen passen zu den unterschiedlichsten Lebenssituationen und Gefühlen. So finden sich in der Bibel Klage-, Bitt-, Dank- und Lobpsalmen, die noch heute gebetet oder gesungen werden. Mit den Worten der Psalmen wenden sich die Menschen an Gott – in besonders schwierigen und traurigen, aber auch schönen und glücklichen Momenten. Die Sprachbilder der Psalmen wirken bis heute.

¹ Der Herr ist mein Hirt,
nichts wird mir fehlen.
² Er lässt mich lagern auf grünen Auen
und führt mich zum Ruheplatz am Wasser.
³ Meine Lebenskraft bringt er zurück.
Er führt mich auf Pfaden der Gerechtigkeit, getreu seinem Namen.
⁴ Auch wenn ich gehe im finsteren Tal,
ich fürchte kein Unheil;
denn du bist bei mir,
dein Stock und dein Stab, sie trösten mich.
⁵ Du deckst mir den Tisch
vor den Augen meiner Feinde.
Du hast mein Haupt mit Öl gesalbt,
übervoll ist mein Becher.
⁶ Ja, Güte und Huld werden mir folgen mein Leben lang
und heimkehren werde ich ins Haus des Herrn für lange Zeiten.
Psalm 23

---

1 Sprecht den Psalm im Wechsel und tauscht euch anschließend darüber aus, wie dies auf euch wirkt.

2 Psalm 23 enthält Licht und Schatten – wie die Schlucht auf der rechten Seite.

- Zeichnet eine solche Schlucht und schreibt die traurigen Begriffe aus dem Psalm auf die dunklen Felsblöcke, die hoffnungsvollen in den lichterfüllten Felsspalt.
- Untersucht, ob der Beter des Psalms Gott eher loben, ihn bitten, ihm danken oder vor ihm klagen will.

3 Wie ein Gedicht enthält auch Psalm 23 viele Sprachbilder.

- Sucht die Sprachbilder im Text, zeichnet sie in euer Heft und erklärt sie mit eigenen Worten.
- Überlegt euch statt des „Hirten" ein Sprachbild aus unserer Zeit, mit dem wir Gott vergleichen können.
- Beschreibt Situationen, in denen ein Mensch heute Psalm 23 beten könnte.

4 Lernt Psalm 23 auswendig. Er kann euch auf diese Weise auch ein Begleiter durchs Leben werden.

5 Lest in der Bibel die Psalmen 3 und 113, deutet die Sprachbilder und vergleicht sie mit Psalm 23.

So geht's
Sprachbilder deuten

1 Sprachbilder im Text suchen

- Gehe den Text Satz für Satz durch und überlege dir, welche Wörter (oder Aussagen) möglicherweise im übertragenen Sinne gemeint sind.

Bilder aus Psalm 23 sind z. B. der Hirte, die grünen Auen, das finstere Tal …

2 Die Bilder wirken lassen

- Wähle ein Bild aus dem Psalm und spüre ihm nach. Was siehst du? Was fühlst du?

Zum Beispiel die Farbe der Wiesen, Kühle und Dunkelheit im finsteren Tal …

3 Die Bedeutung der Bilder verstehen

- Der Beter des Psalms hat diese Sprachbilder in seiner Lebenswelt gefunden und kann damit seine Erfahrungen mit Gott beschreiben.
- Versetze dich in die Lage des Beters: Welches Verhältnis Gott gegenüber kommt im Gebet zum Ausdruck? Formuliere Sätze in der Ich-Form.

Zum Beispiel: „Ich werde von Gott beschützt. Er sorgt sich um mich wie ein Hirte um seine Schafe."

4 Die Bilder auf das eigene Leben hin spiegeln

- Suche Situationen im Leben von Menschen, auf die sich die Sprachbilder der Bibel beziehen lassen.
- Vielleicht findest du auch Ereignisse, in denen du dich wie der Beter des Psalms gefühlt hast.

Für Julien Green beispielsweise war Psalm 23 in einer bestimmten Lebensphase ganz wichtig. Gibt es solche Texte, Bilder oder Gebete auch für dich?

▲ *Felsschlucht in Petra/Jordanien*

>> *Ich fing an, Englisch zu lernen, als meine Mutter mich den dreiundzwanzigsten Psalm auswendig lernen ließ. Sie ließ mich jeden einzelnen Vers nachsprechen, dann den ganzen Psalm, und all das formte in meinem Hirn wunderbare Bilder. Ich sah den Hirten, ich sah das finstere Tal des Todes und den für mich bereiteten Tisch. Mehr brauchte ich in jenem Alter nicht. Etwas ging damals in mir vor, was nie schwinden sollte, etwas wurde mir geschenkt.* <<*

Julien Green, französisch-amerikanischer Schriftsteller

Die Bibel – ein Buch der Namen

„Du da, im blauen T-Shirt"

Dienstagmorgen, Klasse 5a: Auf dem Vertretungsplan ist für die zweite Stunde Herr Meier eingetragen. Die Klasse kennt Herrn Meier nicht, aber die Schülerinnen und Schüler wissen, dass er Mathematik unterrichtet und ganz nett sein soll.

Die Stunde beginnt: „Guten Morgen." „Guuuten Mooorgen, Herr Meier!", ruft die Klasse wie aus einem Mund. Herr Meier verteilt ein Arbeitsblatt mit einigen Übungen zur Division und die Klasse beschäftigt sich in Stillarbeit damit.

Dann beginnt Herr Meier, nach der Lösung zu fragen, und einzelne Schülerinnen und Schüler melden sich. „Ja, bitte." Er deutet auf Veronika in der zweiten Reihe: „Du, in der zweiten Reihe – nein, deine Nachbarin." Die Klasse weiß nicht genau, wer gemeint ist. „Ja, du mit der Brille!", ruft Herr Meier mit Nachdruck. So geht es eine ganze Weile und das Gespräch wird immer anstrengender.

„Das ist ja schrecklich!", denkt Sophia und verdreht die Augen. Sie ist die Klassensprecherin. Schließlich schnellt ihr Finger in die Höhe. „Du da, im blauen T-Shirt", wird sie angesprochen. Höflich fragt Sophia: „Herr Meier, soll ich vielleicht einen Sitzplan schreiben?"

Eine Pause entsteht …

Ein Namens-Alphabet aus der Bibel

Anna, Adam, Achim, Andreas
Batseba, Barnabas, Bartholomäus, Benjamin
Chloë, Clemens
Damaris, Debora, Daniel, David
Elisabeth, Esther, Eva, Elias, Ephraim
Felix
Gabriel, Gideon
Hanna, Hans
Ira, Immanuel
Judith, Julia, Johanna, Jakob, Joachim, Joel, Johannes, Jonas, Jonathan, Joschka, Joschua
Kain, Kaleb
Lea, Lydia, Levi, Lukas
Maria, Martha, Mirjam, Markus, Matthias, Michael
Naomi, Noah
Obadja
Phöbe, Priska, Priszilla, Paul, Peter, Philipp
Quirin
Rahel, Rebekka, Ruth, Raphael, Ruben
Sara, Susanna, Samuel, Simon, Stefan
Tabea, Tamara, Thaddäus, Thomas, Tobias
Uria, Uriel
Vasti (Waschti)
Xerxes
Zilla, Zacharias

Eva – „die Leben Schenkende"
Michael – „Wer ist wie Gott?"

---

1 Stellt euch vor, ihr hättet die Vertretungsstunde miterlebt.
- Erklärt, was Sophia „schrecklich" findet.
- Versetzt euch in Herrn Meiers Situation und beschreibt, wie er die Stunde erlebt.

2 Welche Bedeutung und Aufgabe haben Namen? Notiert eure Ideen und Ergebnisse in Stichworten.

3 Das Namens-Alphabet enthält bekannte, aber auch ungewöhnliche Namen, die man in der Bibel finden kann. Wähle daraus jeweils zwei Mädchen- und zwei Jungennamen aus, die dir am besten gefallen.

- Suche in einem Vornamenlexikon, einem Bibellexikon oder im Internet nach der Herkunft und Bedeutung dieser Namen.
- Wer waren diese Personen? Wann, wo und wie haben sie gelebt?
- Schreibe einen kurzen Text darüber, was dir dein eigener Name bedeutet.

4 Erkundige dich bei deinen Eltern, warum sie dir deinen Namen gegeben haben. Tauscht euch über die Antworten eurer Eltern aus.

>> *Ich vergesse dich nicht.*
Sieh her: Ich habe dich eingezeichnet
in meine Hände. << *Jes 49,15b–16a*

▲ *Walter Habdank, 1972*

>> *¹ Jetzt aber – so spricht der Herr,*
der dich erschaffen hat, Jakob,
und der dich geformt hat, Israel:
Fürchte dich nicht, denn ich habe dich ausgelöst,
ich habe dich beim Namen gerufen,
du gehörst mir!
² Wenn du durchs Wasser schreitest, bin ich bei dir,
wenn durch Ströme, dann reißen sie dich nicht fort.
Wenn du durchs Feuer gehst, wirst du nicht versengt,
keine Flamme wird dich verbrennen.
³ Denn ich, der Herr, bin dein Gott,
ich, der Heilige Israels, bin dein Retter. << *Jes 43,1–3a*

Kanon

1. Gott, du hast mich beim Namen gerufen,
2. du form-test mich und ich bin dein.
3. In dei-ner Hand bin ich ge-bor-gen.
4. Gott, lass du mich zum Se-gen sein.

Text: nach Jes 43,1 und 49,16; Musik: Anton Schwarzmann

>> *Die Botschaft von der erbarmenden und neu*
schaffenden Liebe Gottes leuchtet so hell und klar
aus der Bibel hervor wie die Sonne. <<
Eduard Lohse, evangelischer Bischof

5 Das Bild und die verschiedenen Zitate auf dieser Seite
drücken aus, wie Gott ist.
- Beschreibt den Holzschnitt von Walter Habdank genau.
- Beurteilt, ob es dem Künstler gelungen ist, die Bibel-
  zitate auf dieser Seite umzusetzen.

6 Vergleicht den Liedtext des Kanons mit den Worten des
▸ Propheten Jesaja. Welche biblischen Sprachbilder
übernimmt der Autor des Liedes, welche verändert er?

7 Sammelt Sprachbilder und Erzählungen aus der Bibel,
die Klarheit, Freude, Licht und Wärme verbreiten
können, wie es Bischof Lohse beschreibt.

Tipp: Auf ▸ S. 15 findet ihr eine Anleitung zum Erschließen
von Sprachbildern.

Die Bibel – ein Buch der Wörter und Sprichwörter

Worte, Figuren und Szenen aus der Bibel tauchen noch heute in vielen Büchern, Liedern, Filmen und sogar in der Werbung auf. Wer sich in der Bibel auskennt, kann diese Anspielungen erkennen und entdecken, wie stark die Bibel bis heute wirkt.

Grosse Vehikel haben schon einmal vor Umweltkatastrophen bewahrt.

Tram und Bus sorgen dafür, dass wir nicht von Autos überschwemmt werden. Denn eine wachsende Stadt wie Zürich muss den Verkehr auf engstem Raum bewältigen. Eine Autostrasse aber beansprucht für die gleiche Kapazitätsleistung fünfmal mehr Platz als eine Tramspur. Da würde die viel gelobte Zürcher Lebensqualität wohl bald auf der Strecke bleiben. Für weitere Informationen: www.vbz.ch

1 Die Werbeanzeige des Handwerkerverbands greift den ersten Satz der Bibel auf. Vergleicht das Plakat oben mit dem Originaltext in ▶ Gen 1,1.

2 Beschreibt das Plakat links.
- Erklärt, auf welche biblische Erzählung es anspielt, und sucht diese Erzählung im Buch Genesis.
- Prüft, ob man die Werbung verstehen kann, wenn man die Geschichte nicht kennt.
- Formuliert die Werbebotschaft, die das Plakat enthält, mit eigenen Worten.

3 Findet ihr es richtig, dass Zitate oder Erzählungen aus der Bibel zu Werbezwecken verwendet werden? Nehmt ▶ Stellung und diskutiert darüber.

4 Sucht selbst Beispiele aus Werbung, Büchern, Liedern oder Filmen, die Geschichten oder Texte der Bibel aufgreifen.

Auch in unserer alltäglichen Sprache gibt es Wörter, Sprachbilder und Sätze, die ursprünglich aus der Bibel stammen. Im Alten Testament gibt es sogar ein ganzes Buch der „Sprichwörter", aus dem sich manche Lebensweisheiten bis heute im Gedächtnis und Wortschatz der Menschen gehalten haben. Manchmal muss man die biblischen Geschichten hinter den Redewendungen kennen, um diese zu verstehen.

„im Adamskostüm"

„Perlen vor die Säue werfen"

„zur Salzsäule erstarren"

„ums Goldene Kalb tanzen"

„einen Sündenbock suchen"

„Unrecht Gut gedeiht nicht gut."

„Hochmut kommt vor dem Fall."

„Wer andern eine Grube gräbt, fällt selbst hinein."

„sein Licht unter den Scheffel stellen"

„seine Hände in Unschuld waschen"

Die Dichterin Ulla Hahn lebte als Kind in ärmlichen Verhältnissen. Bücher waren für sie ein Schatz, in den sie flüchtete, sobald sie lesen konnte. Auch in der Bibel entdeckte sie einen „Wort-Schatz" und spürte den Trost, der in den Wörtern steckte:

>> *Ich berauschte mich an den großen Worten der Bibel, ihrer Melodie, den Bögen der Sätze, schlug sie um mich wie kostbare Gewänder, legte mir Wörter wie „Seelenspeise" zu, „Manna Himmelsbrot", „Liebesmahl", Wörter, die sich auf mir niederließen wie Verbandsmull, weich, leicht, schmerzstillend.* <<
Ulla Hahn, Dichterin

Spr 10,2

Mt 27,24

Ex 32,1–6

Gen 3,7

Gen 19,23–26

Spr 16,18

Mt 7,6

Spr 26,27

Mt 5,15

Ps 91,12

Mt 7,15

Lev 16,21–22

---

5 Die Elemente auf dieser Seite sind durcheinandergeraten.
- Findet heraus, welche Redewendungen auf den beiden Zeichnungen dargestellt sind.
- Schreibt diese und die anderen Sprichwörter und Redensarten in euer Heft. Schlagt dann die ▶ Bibelstellen nach und schreibt jeweils die passende Bibelstelle dazu.
- Erklärt die heutige Bedeutung dieser Sprachbilder mit eigenen Worten.

6 Die Dichterin Ulla Hahn beschreibt im oben stehenden Zitat, wie sie als Kind Wörter in der Bibel entdeckt hat, die sie faszinierten.
- Sprecht die genannten Wörter klangvoll aus und beschreibt, wie sie auf euch wirken.
- Sucht „große Worte" aus der Bibel, auf die ihr im Verlauf dieses Kapitels schon gestoßen seid.

Geschichten der Bibel

Gott beruft Abram

Erschöpft kehrt Abram zu seinen Herden am Stadtrand von Haran zurück. Hier herrscht keine solche Hektik wie im Zentrum der Stadt, wo Händler und Handwerker ihre Waren anpreisen, Fremde und Einheimische einander durch die engen Gassen schieben.

Hier, in der vertrauten Umgebung seiner Zelte, fühlt sich Abram wohler. Auf ihn als ▸ Halbnomaden, der am Rand der Steppen und Wüsten umherzieht, wirkt die Betriebsamkeit der Stadt bedrohlich. Außerdem ist Abram schon alt und genießt die abendliche Ruhe nach einem anstrengenden Tag.

Doch da ereignet sich etwas Seltsames – eine Stimme spricht zu ihm: „Zieh weg aus deinem Land in das Land, das ich dir zeigen werde. Ich werde dich zu einem großen Volk machen, dich segnen und deinen Namen groß machen."

Nachdem die Stimme mehrmals zu ihm gesprochen hat, erkennt Abram darin die Stimme Gottes und fragt sich: „Was ist das für ein Gott, der sich für mich interessiert und mich begleiten will? Warum erwählt Gott einen unbedeutenden Menschen wie mich? Warum soll ich groß und meine Familie zahlreich werden?"

Verwirrt denkt Abram über das Gehörte nach und erinnert sich an den Tempelturm in Haran, den er heute gesehen hat. Welch ein beeindruckender Anblick war das doch gewesen: Wie eine Pyramide hatte sich vor seinen Augen der riesige Tempel erhoben, zu dessen oberster Plattform eine fast endlos scheinende Treppe führt. Dieses heilige Gebäude gehörte dem Mondgott Sin, den man in Haran verehrte. Die Menschen gaben den Priestern Opfergaben in Form von Nahrungsmitteln, um die Gottheit für sich und ihre Sippe gnädig zu stimmen.

Frei nach Gen 12,1–9

1 Diskutiert, ob Abram besser bleiben oder wegziehen sollte.

2 Stellt euch vor, wie Abram seiner Frau Sara, seinen Knechten und Mägden und seinen Verwandten von Gottes Auftrag erzählt. Wie könnten sie reagieren? Schreibt eine solche Szene auf.

3 Gott will Abram in ein neues Land führen, das dieser nicht kennt.
   - Wie wäre es für dich, wenn du alles verlassen und in eine unbekannte Gegend ziehen müsstest? Tauscht euch über diese Frage aus.
   - Welche Hoffnung oder Verheißung könnte dich dazu bewegen, in ein neues Land zu ziehen? Schreibe solche „Hoffnungssätze" auf.

4 Vergleicht die Gotteserfahrung der Menschen in Haran mit der Erfahrung, die Abram in der Geschichte macht.

Gott schließt einen Bund

Abram hört auf Gott und folgt seinem Ruf. Zusammen mit seiner Familie und seinen Viehherden macht er sich auf den Weg nach Kanaan.

Aber die Reise ist lang und beschwerlich, und Abram plagen viele Zweifel: „Warum habe ich das alles nur auf mich genommen? Warum bin ich aus meiner Heimat weggezogen, wo ich ein sicheres Leben hatte? Ein fruchtbares Land hat Gottes Stimme mir verheißen, aber stattdessen ziehen wir schon viel zu lange umher. Vielleicht gibt es in dem Land, das Gott mir zeigen will, ja herrliche Landstriche,

Wasser und Weiden für meine Tiere – aber das Land gehört doch noch längst nicht mir. Und wie soll meine Familie zu einem großen Volk werden? Meine Frau und ich haben keine Kinder und sind viel zu alt, um noch welche zu bekommen. Hat die Stimme nicht auch verheißen, dass mein Name groß werden soll? Außer meinen Verwandten kennt mich doch kein Mensch, niemand zittert vor mir oder behandelt mich besonders ehrfurchtsvoll. Wo ist denn dieser Gott, der versprochen hat, mit mir zu ziehen? Ich hätte besser in meiner Heimat bleiben sollen."
Da spricht die Stimme Gottes erneut zu Abram:

» *Ich richte meinen Bund auf zwischen mir und dir und mit deinen Nachkommen nach dir.* «
Gen 17,7

» *Man wird dich nicht mehr Abram nennen. Abraham wird dein Namen sein: Stammvater einer Menge von Völkern.* «   *nach Gen 17,5*

» *Du sollst meinen Bund bewahren.* «   *nach Gen 17,9*

▲ *Abraham-Fresko, um 250 n. Chr.*

» *So zahlreich wie die Sterne am Himmel werden deine Nachkommen sein.* «   *nach Gen 15,5*

» *Das ganze Land Kanaan wird dein Eigentum sein.* «
nach Gen 17,8

» *Beschneide die männlichen Nachkommen als Zeichen des Bundes.* «   *nach Gen 17,11*

---

5 Sucht im ▶ Anhang eurer Bibel Karten vom Alten Orient. Verfolgt Abrams Weg von Haran nach Kanaan. Orientiert euch dabei an ▶ Gen 12,1–9.

6 Schlagt in der Bibel ▶ Gen 15,1–7 und ▶ Gen 17,1–14 nach und lest die beiden Erzählungen.

7 Gott schließt mit Abraham einen ▶ Bund .
- In seinen Worten an Abraham zeigt Gott seine Eigenschaften. Erschließt diese Eigenschaften aus Gottes Worten.
- Benennt die Eigenschaften, die Abraham an den Tag legen muss, damit der Bund gelingt.

8 In ▶ Lk 22,20 verheißt Jesus seinen Jüngern einen „Neuen Bund".
- Tragt mithilfe des Lexikons Merkmale dieses „Neuen Bundes" zusammen.
- Zeigt den Zusammenhang zwischen diesem Bund und dem Bund zwischen Gott und Abraham auf.

» *Die Bibel lesen bedeutet für mich, Gott in den verschiedenen Geschichten zu begegnen.* «
Dr. Bernardeth Caero Bustillos, Theologin aus Bolivien

Gott hält sein Versprechen

In der Bibel wird von einer weiteren ungewöhnlichen Gottesoffenbarung erzählt, die Abraham erlebt.

Abraham sitzt beim Eingang seines Zeltes, unter der Eiche. Im Schatten des Baumes ist es kühl. Die Straße liegt verlassen da. Im Innern des Zeltes hantiert seine Frau Sara mit Töpfen.

Abraham hört ein Geräusch. Er schaut auf. Wenige Schritte vor ihm stehen drei Männer. Es sind Fremde. Abraham hat sie noch nie gesehen. „Wo die so schnell hergekommen sind?", denkt Abraham. Er steht auf. Denn wenn Fremde vorbeikommen, dann muss man sie begrüßen und sie zum Essen einladen. So will es der Brauch der Gastfreundschaft.

Abraham verneigt sich vor den Männern. Einer ist vornehmer gekleidet als die andern. Abraham wendet sich an ihn.

„Ich heiße Abraham", sagt er. „Ich bin nur ein einfacher Hirte. Ich wohne hier mit meiner Frau Sara und mit meinen Knechten und Mägden in den Zelten. Es freut mich, dass ihr meine Gäste sein wollt."

Ohne eine Antwort abzuwarten, wendet sich Abraham um und ruft: „Elieser!"

Sein Knecht Elieser kommt aus einem der Zelte.

„Bring Wasser!", befiehlt Abraham. „Es sind drei Gäste da. Sie wollen sich die Füße waschen!"

Elieser bringt das Wasser in drei Becken.

„Macht es euch unter dem Baum bequem", sagt Abraham zu den Männern. „Ich will in der Zwischenzeit etwas zum Essen und zum Trinken holen."

„Danke", sagt der vornehm gekleidete Fremde. Abraham geht ins Zelt.

„Wir haben Besuch bekommen", sagt er zu Sara. „Drei Männer, und einer ist ganz vornehm gekleidet. Die andern beiden scheinen seine Diener zu sein. Schnell, Sara! Nimm drei Schüsseln vom besten Mehl und backe frisches Brot und Kuchen!"

Abraham verlässt das Zelt. Am Rand der Zeltstadt weidet ein Teil der Schafe und Rinder. Abraham sucht ein Kalb aus. „Schlachte das Tier", befiehlt er Elieser. „Und bereite es zu. Wenn das Fleisch gar ist, richte es auf einer Schüssel an und bring es den Gästen!"

Abraham bringt in einem Krug frisches Wasser. Er füllt drei Becher. Er lässt die Fremden trinken. Dann holt er die Brote, die Sara hinter dem Zelt gebacken hat, einen Krug Milch und saure Sahne. Er eilt vom Zelt zum Baum, vom Baum zum Zelt und bedient die Gäste. Jetzt kommt Elieser mit dem gekochten Fleisch. Die Fremden essen. Sie lassen sich Zeit. Abraham sieht, dass es ihnen schmeckt. Immer wieder füllt er ihnen die Teller.

Endlich sind sie fertig. Sie wischen sich mit dem Handrücken den Mund ab.

„Wo ist deine Frau Sara?", will der Mann mit den vornehmen Kleidern wissen.

„Sie ist im Zelt", antwortet Abraham.

„Dann hör gut zu!", sagt der Fremde. „In einem Jahr, um die gleiche Zeit, komme ich wieder zu dir. Bis dann wird Sara einen Sohn haben."

Hinter dem Zelteingang hört man ein Lachen. Sara hat heimlich alles mit angehört, was der Mann gesagt hat. Jetzt lacht sie in sich hinein. „Ich bin doch viel zu alt, um noch ein Kind zu bekommen", denkt sie.

„Warum lacht Sara?", fragt der Fremde. „Warum glaubt sie nicht, dass sie noch ein Kind bekommen kann? Für Gott ist nichts unmöglich! Es bleibt bei dem, was ich gesagt habe: Wenn ich wieder vorbeikomme, hat Sara einen Sohn!"

Die Männer stehen auf. Sie klopfen sich das Laub und den Staub aus den Kleidern.

„Wollt ihr schon gehen?", fragt Abraham.

„Wir haben noch einen weiten Weg vor uns", antwortet der Fremde.

„Dann will ich euch, wie es der Brauch ist, noch ein Stück weit begleiten", sagt Abraham.

nach Werner Laubi (zu Gen 18,1–16)

▲ *Marc Chagall, 1960–1966*

1 Abraham und Sara sind den drei Fremden gegenüber gastfreundlich.
- Sucht in der Erzählung Zeichen der Gastfreundschaft von Abraham und Sara.
- Erzählt einander, wie Gäste in euren Familien behandelt werden.
- Recherchiert im Internet, welche Zeichen der Gastfreundschaft in anderen Ländern üblich sind.

2 Vergleicht die Erzählungen auf der letzten und auf dieser Doppelseite. Beschreibt, auf welch unterschiedliche Weise Abraham Gott erfährt.

3 Betrachtet das Gemälde von Marc Chagall. Nehmt euch Zeit dafür und achtet auf die Empfindungen und Gedanken, die dabei in euch aufsteigen.

4 Vergleicht das Bild mit der Erzählung in ▶ Gen 18,1–16. Arbeitet heraus, welche Aspekte der Erzählung dem Maler wichtig sind.

> *Die Schriftsteller haben schon lange gewusst, dass die Bibel eigentlich alle Geschichten enthält, die sich denken lassen. Sie weiß alles über Liebe und Macht, Strafe und Vergebung, Schuld und Sühne, Gewalt und Erlösung.* «
> Michael Krüger, Schriftsteller und Verleger

5 Sammelt Geschichten aus der Bibel zu den vier Themenpaaren, die Michael Krüger am Ende des Zitats nennt.

Tipp zu Aufgabe 3 und 4: Ausführliche Hinweise, wie man ein Bild erschließen kann, findet ihr auf ▶ S. 45.

Das Neue Testament – Jesus erzählt Geschichten von Gott

Jesus selbst hat keine Bücher geschrieben, aber Geschichten erzählt, durch die wir Gott besser verstehen können. Erst später haben seine Freunde und Anhänger diese Geschichten und Gespräche aufgeschrieben – auch das ▶ Gleichnis vom barmherzigen Samariter, das manche Menschen für den wichtigsten Text der Bibel halten.

Sachinformationen

Gesetzeslehrer (▶ S. 41): Ein Gesetzeslehrer ist ein jüdischer Tora-Gelehrter, der sich dem Studium der Heiligen Schrift widmet. Der Fragesteller zitiert in seiner ersten Antwort an Jesus aus der ▶ Tora, nämlich aus ▶ Dtn 6,5 und ▶ Lev 19,18.

Von Jerusalem nach Jericho: Die Stadt ▶ Jerusalem liegt 750 Meter hoch im Bergland, Jericho liegt in der Senke des Jordanflusses und ist mit 250 Metern unter dem Meeresspiegel die tiefstgelegene Stadt der Welt. Der Weg von Jerusalem nach Jericho führt durch Täler und Schluchten bergab. Zur Zeit Jesu gab es dort gefährliche Wegstücke, auf denen Reisende häufig von Räubern überfallen wurden.

Priester und Levit: Priester und Leviten taten wochenweise Dienst im ▶ Tempel von Jerusalem, dem Heiligtum der Juden. Die Leviten hatten niedrigere, die Priester wichtigere Aufgaben. Für die Priester galten strenge Reinheitsvorschriften: Sie durften laut Gesetz nichts Unreines berühren, z. B. kein Blut und keinen Toten.

Samariter (▶ S. 41): Die Samariter waren eine religiöse Gruppe, die ebenso wie die Juden die Gebote der Tora befolgten und an ▶ Jahwe glaubten. Weil sie ihn aber nicht im Tempel von Jerusalem verehrten, sondern ursprünglich ein eigenes Heiligtum auf dem Berg Garizim hatten, galten sie bei den Juden als Ungläubige. Zur Zeit Jesu herrschte eine starke Abneigung zwischen Juden und Samaritern.

Der barmherzige Samariter als Beispiel

*25 Und siehe, ein **Gesetzeslehrer** stand auf, um Jesus auf die Probe zu stellen, und fragte ihn: Meister, was muss ich tun, um das ewige Leben zu erben?*
26 Jesus sagte zu ihm: Was steht im Gesetz geschrieben? Was liest du?
27 Er antwortete: Du sollst den Herrn, deinen Gott, lieben mit deinem ganzen Herzen und deiner ganzen Seele, mit deiner ganzen Kraft und deinem ganzen Denken, und deinen Nächsten wie dich selbst.
28 Jesus sagte zu ihm: Du hast richtig geantwortet. Handle danach und du wirst leben!
29 Der Gesetzeslehrer wollte sich rechtfertigen und sagte zu Jesus: Und wer ist mein Nächster?
*30 Darauf antwortete ihm Jesus: Ein Mann ging **von Jerusalem nach Jericho** hinab und wurde von Räubern überfallen. Sie plünderten ihn aus und schlugen ihn nieder; dann gingen sie weg und ließen ihn halbtot liegen. 31 Zufällig kam ein **Priester** denselben Weg herab; er sah ihn und ging vorüber. 32 Ebenso kam auch ein **Levit** zu der Stelle; er sah ihn und ging vorüber.*
*33 Ein **Samariter** aber, der auf der Reise war, kam zu ihm; er sah ihn und hatte Mitleid, 34 ging zu ihm hin, goss Öl und Wein auf seine Wunden und verband sie. Dann hob er ihn auf sein eigenes Reittier, brachte ihn zu einer Herberge und sorgte für ihn. 35 Und am nächsten Tag holte er zwei Denare hervor, gab sie dem Wirt und sagte: Sorge für ihn, und wenn du mehr für ihn brauchst, werde ich es dir bezahlen, wenn ich wiederkomme. 36 Wer von diesen dreien meinst du, ist dem der Nächste geworden, der von den Räuber überfallen wurde?*
37 Der Gesetzeslehrer antwortete: Der barmherzig an ihm gehandelt hat. Da sagte Jesus zu ihm: Dann geh und handle du genauso!
Lk 10,25–37

◄ *Rembrandt van Rijn, um 1644*

1 Beschreibt das ▸ Bild und vergleicht es mit der Erzählung. Begründet, warum Rembrandt genau diesen Moment für sein Bild ausgewählt hat.

2 Schlagt im ▸ Anhang einer Bibel oder auf ▸ S. 37 die Karte nach, die ▸ Palästina zur Zeit Jesu zeigt. Sucht die beiden Orte Jerusalem und Jericho. Berechnet die Entfernung zwischen beiden Städten (Luftlinie).

3 Schreibt die Verben aus dem Gleichnis heraus, die das Handeln des Priesters, des Leviten und des Samariters beschreiben. Erschließt anhand der Verben, worin der entscheidende Unterschied in ihrem Verhalten liegt.

4 Vermutlich hat der Überfallene dank der Hilfe des Samariters überlebt, auch wenn Jesus dieses Ende nicht mehr erzählt. Stellt euch vor, der Mann war bei seiner Rettung bei Bewusstsein. Schreibt die Geschichte aus seiner Sicht auf, wie er sie dem Wirt erzählen könnte, als es ihm wieder besser geht.

5 Was hat der Gesetzeslehrer wohl davon gehalten, dass Jesus nicht den Priester oder Leviten, sondern den Mann aus Samaria als Vorbild gewählt hat? Begründet eure Antwort.

6 Sucht nach Lebensbildern von Menschen, die nach dem Zitat von Roger Schutz handeln oder gehandelt haben.

7 Erzählt oder spielt eine Geschichte, die ähnlich aufgebaut ist wie die vom barmherzigen Samariter, aber heute geschehen könnte. Übertragt dabei die Sachinformationen aus der Zeit Jesu sinnvoll in unsere Zeit.

» *Lebe das, was du vom Evangelium begriffen hast, und sei es noch so wenig.* «
Roger Schutz, Gründer der Gemeinschaft von Taizé

Für Profis: Der Gesetzeslehrer fragt Jesus: „Wer ist mein Nächster?" Jesus fragt ihn am Ende: „Wer ist dem Überfallenen der Nächste geworden?" Vergleicht die beiden Fragen und erläutert den Unterschied. Zieht daraus Schlüsse, wie Jesus das Gleichnis versteht.

Die Bibel – ein Buch für alle

Die Bibel ist das „Buch der Bücher": Kein anderes Buch wurde so oft von Hand abgeschrieben, übersetzt, gedruckt und verkauft. Sie gehört als „Weltbestseller" zur Weltliteratur.

In ihren Klosterbibliotheken schrieben Mönche die Bibel sorgfältig mit der Hand ab und illustrierten die Seiten mit kostbaren Farben. Das Bild rechts zeigt die teuerste Bibel der Welt, das ► Evangeliar Heinrichs des Löwen. Es wurde 1983 im Auftrag der Länder Niedersachsen und Bayern für 32,5 Millionen D-Mark (ca. 16,6 Millionen Euro) ersteigert.
Um das Jahr 1450 erfand Johannes ► Gutenberg in Mainz den Buchdruck mit beweglichen Lettern und damit einen schnelleren Weg, Bücher herzustellen. Mithilfe von zwanzig Mitarbeitern druckte er 180 Exemplare der Bibel. Die über 1200 Seiten sind in je zwei Spalten gesetzt und wurden nach dem Druck der Buchstaben von Illustratoren verziert. Von dieser Gutenberg-Bibel sind heute noch 49 Stück erhalten, zwei davon im Gutenberg-Museum in Mainz.

▲ *Das Evangeliar Heinrichs des Löwen wird aus konservatorischen Gründen nur alle zwei Jahre für wenige Wochen in der Herzog August Bibliothek in Wolfenbüttel ausgestellt.*

▲ *Druck der Gutenberg-Bibel*

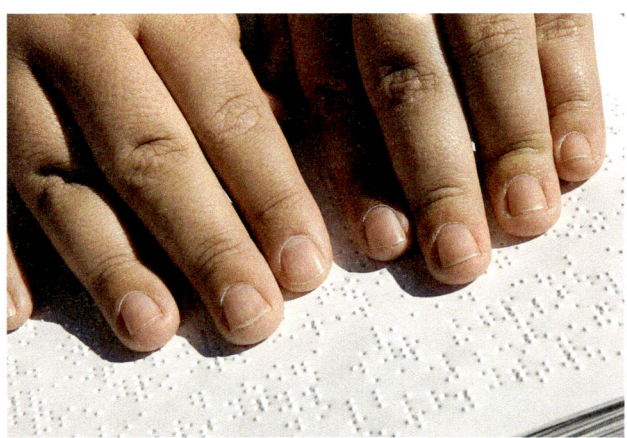

▲ *Bibel in Blindenschrift*

Die kleinste Bibel der Welt kann man nur mit einem Elektronenmikroskop lesen. Ein israelischer Forscher hat sie mittels Nanotechnologie entwickelt. Sie ist kleiner als ein Sandkorn und enthält den kompletten Text der Hebräischen Bibel. ►

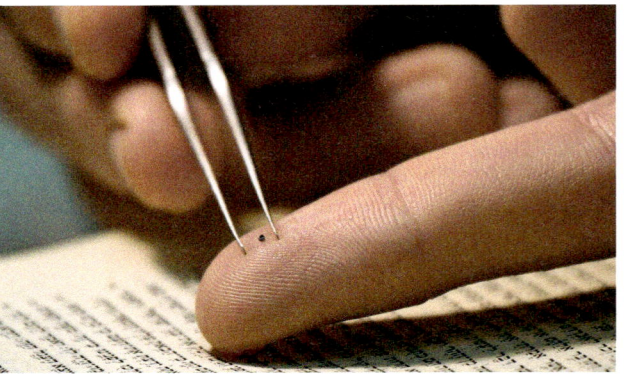

Die Bibel in den Kulturen der Welt

Menschen aller Kulturen wollen die Bibel in ihrer Sprache lesen: Die komplette Bibel wurde inzwischen in 513 verschiedene Sprachen übersetzt. Damit ist die Bibel das am weitesten verbreitete und das meistübersetzte Buch der Welt. Es gibt sie auch als Hörbuch oder Online-Bibel.

Stets wird weiter an neuen Übersetzungen gearbeitet. Zum Beispiel ist 2012 nach 34 Jahren Arbeit eine Übersetzung der Bibel in die Sprache Inuktitut fertig geworden. Diese Sprache wird von etwa 30 000 Inuit, den Ureinwohnern im arktischen Norden Kanadas, gesprochen. Sie können die Bibel nun in ihrer Muttersprache lesen.

Doch die einheimischen Übersetzerinnen und Übersetzer standen vor einer schwierigen Aufgabe: Viele Begriffe aus der Bibel – wie die Wüste, Kamele oder Palmen – gibt es in der Arktis überhaupt nicht. Darum nannten sie z. B. den Esel „das Tier, das lange Ohren hat", und das Paradies wird umschrieben als „der Ort, an dem man glücklich ist".

Weil es in der Kultur der Inuit keine Tierherden gibt, die versorgt werden müssen, fehlt in ihrer Sprache auch der Begriff „Hirte". Auch hier waren die Übersetzer einfallsreich. So heißt der gute Hirte aus Psalm 23 (▶ S. 14) in ihrer Bibel „der Babysitter, der sich um die Schlittenhunde kümmert".

Die Bibel für unterschiedliche Leser

Auch für verschiedene Gruppen von Leserinnen und Lesern muss die Bibel „übersetzt" werden. So gibt es im Deutschen z. B. auch eine Bibel in Jugendsprache („Volxbibel") und eine, die versucht, Männer und Frauen gleichberechtigt anzusprechen („Bibel in gerechter Sprache"). In dem Projekt „Evangelium in Leichter Sprache" werden Abschnitte aus der Bibel in eine möglichst einfache Sprache übertragen, damit auch Menschen, die sich mit dem Lesen schwertun, die Bibel verstehen können.

▲ *Die Donaufähre bei Kloster Weltenburg*

>> *Wer einen Text von einer Sprache in eine andere übersetzt, der begibt sich auf eine Fähre und reist von einem Sprachufer zum anderen. Unterwegs gibt es viel zu entdecken.* <<
Jürgen Ebach, Theologe und Bibelübersetzer

1 Erstellt einen Werbeflyer für die Bibel. Die Informationen auf dieser Doppelseite können euch Anhaltspunkte dafür liefern.

2 Vergleicht am Beispiel von ▶ Mt 2,1–12 verschiedene Bibelausgaben.
  - Arbeitet die Unterschiede zwischen den verschiedenen Textversionen heraus.
  - Vergleicht diese Unterschiede mit der Zielgruppe, an die sich die jeweilige Ausgabe richtet.

3 Das Wort „übersetzen" hat je nach Betonung („über*setzen*" oder „*über*setzen") eine unterschiedliche Bedeutung. Erklärt – mit Blick auf das Zitat und das Bild – beide Bedeutungen und beschreibt, was sie verbindet.

Tipp zu Aufgabe 2: Ihr könnt z. B. die ▶ Einheitsübersetzung mit der Lutherbibel vergleichen, die im evangelischen Religionsunterricht verwendet wird. Berücksichtigt auch die Bibelübersetzungen, die der Text links nennt.

Zeige, was du kannst

Aufgabe A: Zitate zur Bibel

1 Lies auf den Seiten dieses Kapitels die Zitate von Menschen nach, denen die Bibel viel bedeutet. Diese Zitate sind durch eine blaue Unterlegung besonders hervorgehoben.

2 Zeichne eine geöffnete Bibel in dein Heft. Schreibe diejenigen Aussagen hinein, die dir besonders gefallen oder wichtig erscheinen. Ergänze eine eigene Aussage („Die Bibel ist für mich …").

Aufgabe B: Über die Bibel nachdenken

„Wenn du am Abend schlafen gehst, so nimm noch etwas aus der Heiligen Schrift mit dir zu Bett, um es im Herzen zu erwägen und es – gleich wie ein Tier – wiederzukäuen und damit sanft einzuschlafen. Es soll aber nicht viel sein, eher ganz wenig, aber gut durchdacht und verstanden. Und wenn du am Morgen aufstehst, sollst du es als den Ertrag des gestrigen Tages vorfinden." Martin Luther

1 Martin ▶ Luther empfiehlt, die Bibel in kleinen Portionen zu sich zu nehmen. Erkläre, was Luther mit dem „Wiederkäuen" der Heiligen Schrift meint.

2 Vergleiche die Aussage von Martin Luther mit dem Zitat von Papst Franziskus: „Es ist gut, sich bei einer ruhigen Lektüre zu fragen: Herr, was sagt mir dieser Text? Was möchtest du mit dieser Botschaft an meinem Leben ändern?"

Aufgabe C: Ein Bibelmarathon

Alle zwei Jahre findet in der Karwoche zwischen Palm- und Ostersonntag der Wendelsteiner Bibelmarathon statt. Rund um die Uhr wird in der St. Georgskirche im fränkischen Wendelstein die Bibel vorgelesen – von Adam und Eva im Buch Genesis bis zum neuen Himmel und der neuen Erde im Buch der Offenbarung.
Der Bibelmarathon startet mit einem ökumenischen Auftaktgottesdienst am Palmsonntag. Von da an lesen Freiwillige jeweils eine Stunde lang aus der Bibel vor. Bis Ostersonntag ist die Kirche 24 Stunden am Tag geöffnet, und man kann jederzeit vorbeikommen und zuhören, solange man möchte. Zwischen den einzelnen Lesungen wird Musik gespielt. Nur während der Gottesdienste in der Karwoche wird nicht gelesen.

Die Vorleser sind katholische und evangelische Christen von neun bis neunzig Jahren. „Ich habe nachts von zwei bis drei Uhr bei Kerzenschein aus den ▶ Psalmen vorgelesen", sagt eine Teilnehmerin. „Das war eine ganz starke Erfahrung, den alten Texten meine Stimme zu leihen."

1 Was würde dir beim Besuch des Bibelmarathons gefallen? Welche Bedenken hast du vielleicht einem solchen Projekt gegenüber? Diskutiert in der Lerngruppe darüber.

2 Welche biblischen Geschichten würdest du bei einem Bibelmarathon gerne vorlesen? Begründe deine Auswahl. Stellt einander eure ausgewählten Geschichten vor.

Auf den Fotos sind Menschen mit einer heiligen Schrift zu sehen.

1 Beschreibe, wie sie jeweils mit dieser heiligen Schrift umgehen.

2 Suche Informationen zu den heiligen Schriften anderer Religionen und finde heraus, welche heiligen Schriften auf den Fotos abgebildet sind.

3 Die Bibel wird auch „die Heilige Schrift" genannt. Erkläre die Bedeutung von „heilig" in dieser Bezeichnung mit eigenen Worten.

4 Verfasse eine kurze „Gebrauchsanweisung" für eure Schulbibeln, damit die Benutzer wissen, wie sie die Bibeln behandeln sollten. Erkläre darin, warum die Bibel für Christinnen und Christen kein gewöhnliches Buch ist.

5 Wer im Gottesdienst die biblische Lesung vorliest, wird Lektor genannt. Befrage einen Lektor oder eine Lektorin aus deiner Gemeinde nach seinen oder ihren Erfahrungen und führe ein kleines ▶ Interview.

2 Jesus Christus – Gott wird Mensch

Als Jesus vor ungefähr 2000 Jahren in ärmlichen Verhältnissen geboren wurde, hat kaum jemand Notiz davon genommen. Später wurde seine Geburt als Beginn einer neuen Zeitrechnung verstanden: In Jesu Leben und Wirken sehen Christen den Ursprung ihres Glaubens, in seiner Geburt ein Ereignis von weltgeschichtlicher Bedeutung.

Ihr Kinderlein kommet – ein Weihnachtslied

1. *Ihr Kinderlein, kommet, o kommet doch all,*
   zur Krippe her kommet in ▶ *Betlehems Stall*
   und seht, was in dieser hochheiligen Nacht
   der Vater im Himmel für Freude uns macht.
2. *Da liegt es, das Kindlein, auf Heu und auf Stroh,*
   Maria und Josef betrachten es froh.
   Die redlichen Hirten knien betend davor,
   hoch oben schwebt jubelnd der Engelein Chor.
3. *O betet: Du liebes, du göttliches Kind,*
   was leidest du alles für unsere Sünd!
   Ach hier in der Krippe schon Armut und Not,
   am Kreuze dort gar noch den bitteren Tod.

T: Christoph von Schmid (Gotteslob Nr. 248)

Krippe mit Flüchtlingsboot eingeweiht

Rom, 9.12.2016 – Auf dem Petersplatz ist eine Weihnachtskrippe im Zeichen der Flüchtlingskrise feierlich eingeweiht worden. Die Krippe erinnere mit einem Fischerboot an die traurige und tragische Realität von Flüchtlingen, die sich auf den Weg nach Italien machten, sagte Papst Franziskus: „In der schmerzhaften Erfahrung dieser Brüder und Schwestern erkennen wir die des Jesuskindes wieder." Immerhin habe auch Jesus im Moment seiner Geburt keine Herberge gehabt. Neben dem Boot und lebensgroßen Krippenfiguren sind an der Krippe auch Reste einer Säule in Schutt und ein umgestürztes Kreuz zu sehen.

◀ *Trygve Skogrand, 2008*

1 Das Bild links trägt den Titel „Away in a Manger". So heißt ein englisches Weihnachtslied, das sich mit „Weit weg in einer Krippe" übersetzen lässt.
   ▪ Beschreibt das ▶ Bild und stellt eine Verbindung zum Titel her.
   ▪ Welche Deutung ergibt sich durch Vordergrund, Hintergrund und Bildtitel? Diskutiert über diese Deutung.
2 Der Hintergrund des Bildes passt nicht so recht zur Krippe und zur Weihnachtsstimmung.
   ▪ Benennt die Elemente im Weihnachtslied „Ihr Kinderlein kommet" und im Zeitungsartikel, die ebenfalls nicht so recht zur Weihnachtsstimmung passen.
   ▪ Findet Gründe, warum genau diese Elemente wichtig sind. Beachtet dabei das Zitat von Papst Franziskus.
3 Vermutlich habt ihr auf die Frage im Cartoon bisher ganz anders geantwortet als der Junge. Vergleicht eure Antworten mit der des Jungen und erklärt, wie er darauf kommt.

Netzkarte

Die Bilder auf dieser Doppelseite zeigen mögliche Stationen auf deiner Reise durch das Themenfeld „Jesus Christus": Was geschah eigentlich an Weihnachten und warum ist das bis heute so wichtig? Die Weihnachtsbotschaft lässt sich nicht nur mit Texten verstehen, sondern auch mithilfe von Bildern. Daher wirst du in diesem Kapitel auch lernen, wie man die Bedeutung von Bildern erschließen kann.

... in der Symbolik des Lichts

2 Jesus

1 Gehe dieser Netzkarte nach und suche die Bilder auf den Doppelseiten des Kapitels. So kannst du dir einen Überblick darüber verschaffen, was dich erwartet.

2 Zu manchen Stationen weißt du wahrscheinlich schon einiges, z. B. zu Jesu Geburt oder zu den Bräuchen in der Advents- und Weihnachtszeit.
  - Schreibe in dein Religionsheft, was dir zu den Themen dieses Kapitels einfällt.
  - Vergleiche deine Ergebnisse mit denen deiner Mitschülerinnen und Mitschüler. Plant dann zusammen mit eurer Lehrerin, eurem Lehrer einen Lernweg durch das Kapitel.

3 Schreibe dir bei deiner Reise durch das Kapitel in dein Heft, was an den einzelnen Stationen für dich neu war und was du interessant oder wichtig findest.

... in den Hoffnungen, die auf ihn gesetzt werden

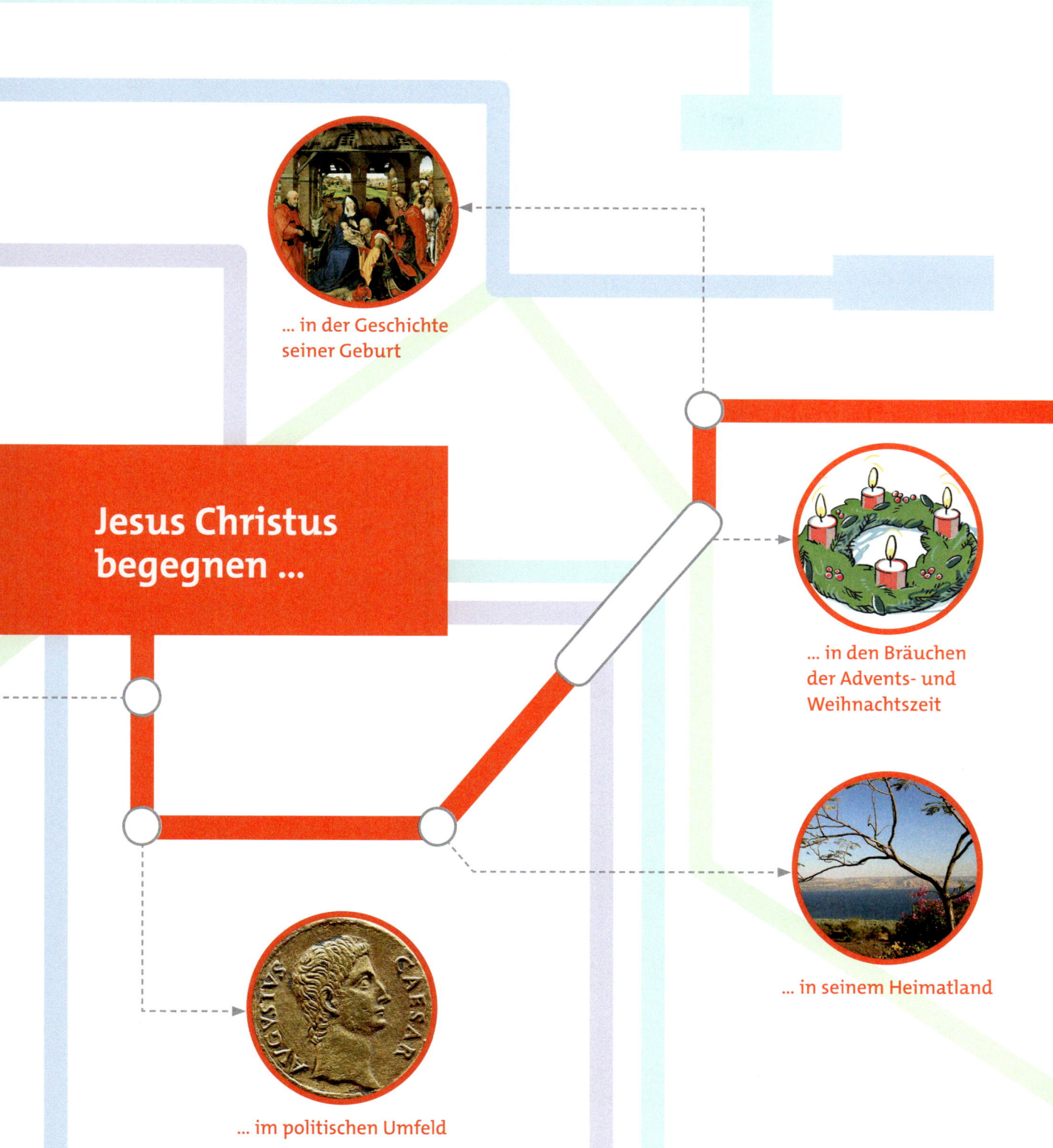

... in der Geschichte
seiner Geburt

**Jesus Christus
begegnen ...**

... in den Bräuchen
der Advents- und
Weihnachtszeit

... in seinem Heimatland

... im politischen Umfeld

Alltag zur Zeit Jesu

Über die Kindheit Jesu ist kaum etwas bekannt, aber wenn wir die Lebensumstände im damaligen ▶ Palästina betrachten, können wir eine Vorstellung davon bekommen, wie er aufgewachsen ist.

Berufe

Die Bibel erzählt, dass Jesus von Nazaret Zimmermann war wie sein Vater Josef. Damals war es üblich, dass schon kleine Kinder bei der Arbeit helfen mussten und dadurch zum Lebensunterhalt der Familie beitrugen. Die Jungen halfen gewöhnlich dem Vater bei der Arbeit und übernahmen meist dessen Beruf. Die Mädchen arbeiteten im Haus, auf dem Feld und halfen bei der Versorgung der Tiere mit. So lernten sie alles, was eine erwachsene Frau zur damaligen Zeit können musste.

Die Menschen arbeiteten vor allem in der Landwirtschaft, auf Feldern, in Weinbergen und Olivenhainen, aber auch als Hirten und Fischer. Die Bauern mussten schwere körperliche Arbeit verrichten, da es kaum Geräte gab, die ihnen die Arbeit erleichterten. Gearbeitet wurde in der Regel den ganzen Tag über, solange es hell war. Die Handwerker, z. B. Schmiede, Töpfer, Zimmermänner, Weber, Gerber und Färber, verdienten meist nicht viel.

Viele waren Tagelöhner, die warten mussten, bis sie von jemandem angeworben wurden, und oft nur für kurze Zeit Arbeit fanden. Wenn sie nicht genügend Arbeit hatten, mussten sie sich verschulden und rutschten in die unterste Schicht der Gesellschaft ab. Armut und Betteln waren weit verbreitet. Reich waren nur sehr wenige Leute – die Oberschicht in den Städten und die Großgrundbesitzer.

Wohnen und Leben

Die meisten Menschen lebten zur Zeit Jesu in Dörfern oder kleinen Städten. Die Häuser waren sehr einfach gebaut: Als Baumaterial dienten Natursteine oder Lehmziegel, die aufeinandergeschichtet und mit Lehm verputzt wurden. Im Inneren war es auch tagsüber ziemlich dunkel, weil die Häuser nur wenige kleine Fensteröffnungen hatten. Glas kannte man noch nicht. Bei Kälte stopfte man die Öffnungen mit Lumpen zu oder hängte Wolldecken davor. Öllämpchen, die in Wandnischen standen, beleuchteten den Raum. Die Türen waren zuerst aus Zweigen geflochten, später stellte man sie aus Holz und Metall her.

König/Statthalter

Priester, Adel, hohe Beamte

Handwerker, kleine Beamte, Händler, Kleinbauern

Frauen, Kinder, Witwen, Tagelöhner, Arbeitslose, Zöllner, Kranke, Bettler

◀ *Bevölkerungsgruppen nach ihrem gesellschaftlichen Ansehen*

Der Wohnraum war nur spärlich möbliert. Als Betten dienten Strohmatten, Decken oder Teppiche. In Tonkrügen und Säcken wurden Vorräte an Wasser, Öl, Getreide, Bohnen, Erbsen, Linsen und Ähnliches aufbewahrt. Wein füllte man in Schläuche aus Tierhaut.

Eines der wichtigsten Haushaltsgeräte war die Kornmühle, mit der jeden Tag frisches Mehl gemahlen wurde. Dies war jeden Morgen die erste Arbeit der Frauen. Dann wurde der Teig geknetet und Fladenbrot gebacken. Nach dem meist kargen Frühstück verrichteten die Frauen die Haus- und Feldarbeit, während die Männer ihren Berufen nachgingen und oft nur so viel verdienten, dass es gerade zum Überleben reichte.

Die Häuser hatten Flachdächer. Man legte lange, dicke Balken über die Breite des Hauses und quer dazu weitere Lagen aus Ästen und Strauchwerk. Darauf kam eine Lehmschicht, die gestampft und mit einer Steinwalze verfestigt wurde. Dadurch wurde das Dach so fest, dass man es betreten und sich darauf aufhalten konnte. Hier traf man sich mit Freunden, hier wurden Früchte getrocknet, Vorräte aufbewahrt und so manche Arbeiten verrichtet. Bei schwülem Wetter war das Dach nachts auch ein angenehmer Schlafplatz.

Manche Menschen wohnten nicht in Häusern, sondern in natürlichen oder künstlich geschaffenen Höhlen oder Grotten. Häuser und Höhlen waren meist sehr klein und hatten nur einen einzigen Raum, den sich viele Bewohner teilen mussten. In der Nähe der Tür hatten die Tiere ihren Platz: Hühner, Schafe, Ziegen, Esel und vielleicht sogar ein Rind. Der hintere Teil war etwas erhöht; hier lebten die Menschen. Die Familien waren oft groß, weil auch die Großeltern, unverheiratete Verwandte und die Geschwister des Mannes dazugehörten.

1 Lest die Texte auf dieser Doppelseite und stellt euch vor, ihr lebt zur Zeit Jesu in einem Dorf in Palästina. Was würde euch am schwersten fallen? Was würdet ihr, verglichen mit dem Leben heute, am meisten vermissen? Diskutiert darüber.

2 Vergleicht die im Text beschriebene Rollenverteilung mit unserem heutigen Verständnis von Gleichberechtigung.

3 Der Text nennt Berufe, die zur Zeit Jesu ausgeübt wurden.
- Sucht diese und weitere Berufe in den Evangelien und der Apostelgeschichte. Nehmt dabei ein Bibellexikon zur Hilfe.
- Bildet Gruppen und stellt jeweils einen Beruf pantomimisch dar, also ganz ohne Worte, nur durch Körperhaltung, Gesichtsausdruck und Bewegungen.

Tipp zu Aufgabe 3: Ihr könnt z. B. folgende ▶ Bibelstellen nachschlagen: ▶ Mt 4,18; ▶ Mt 9,9; ▶ Mt 21,33; ▶ Mk 6,3; ▶ Apg 18,3. Stellt auch weitere Berufe dar, von denen ihr vermutet, dass sie schon zur Zeit Jesu ausgeübt wurden.

Das Land, in dem Jesus lebte

Die Heimat Jesu war ▶ Palästina – ein Land mit Weiden, auf denen Schaf- und Ziegenherden grasten, und Äckern, auf denen Getreide und Früchte wie Trauben, Feigen, Datteln und Oliven wuchsen. Es gibt dort fruchtbare Gegenden, aber auch karge Landschaften und Wüsten, in denen wenig oder gar nichts wächst.

Große Teile des Ackerlandes gehörten Großgrundbesitzern, die dieses an die Bauern verpachteten. Neben dem Ackerbau und der Schafzucht war in der Region um den See Gennesaret vor allem der Fischfang von Bedeutung.

Die Bibel berichtet, dass die Eltern Jesu aus Nazaret kamen und dass Jesus dort aufwuchs. Nazaret liegt in Galiläa, einer fruchtbaren Landschaft im Norden Palästinas, zu der auch der See Gennesaret gehört. Nur wenige Kilometer entfernt liegt die Stadt Sepphoris, die zeitweise auch Hauptstadt von Galiläa war. Vielleicht haben Jesus und sein Vater Josef dort als Zimmerleute gearbeitet.

Die Sprache des Volkes war Aramäisch, aber die weit verbreitete Verkehrssprache war das Griechische. Auch wenn die Juden in Galiläa und ▶ Judäa immer ihre kulturelle Eigenständigkeit betonten, standen auch sie unter dem Einfluss des ▶ Hellenismus, d.h. ihr Land war von der damals vorherrschenden griechischen Kultur geprägt.

Das Gebiet von Palästina wurde in der Antike immer wieder von politischen Machtkämpfen und Kriegen heimgesucht. Zur Zeit Jesu war es von den Römern besetzt, einem mächtigen Volk, das im Laufe der Jahrhunderte viele Länder rund um das Mittelmeer erobert hatte. Diese Länder wurden als Provinzen in das ▶ Römischen Reich eingegliedert. So erging es auch der Heimat Jesu, die zur römischen Provinz Judäa gehörte.

Mit der römischen Besatzungsmacht gab es immer wieder Spannungen und Konflikte: Viele Bewohner des Landes litten unter den hohen Steuern, die sie den Römern zahlen mussten, und verachteten sie auch wegen ihres Glaubens. Die Römer verehrten nämlich viele verschiedene Götter, für die sie Standbilder im ganzen Land aufgestellt hatten. Die Juden dagegen glaubten an den einen Gott ▶ Jahwe. Sie hofften schon lange auf den verheißenen ▶ Messias, den Gesandten Gottes, und glaubten, er würde die Römer vertreiben und ihrem Land wieder Freiheit und Frieden bringen.

---

1 Fasst die Informationen aus dem Text in Stichwörtern zusammen und ordnet diese Stichwörter in einer ▶ Mindmap.

2 Jesus ist in dem Gebiet aufgewachsen, das die Karte rechts zeigt, und mit seinen Freunden durchs Land gezogen. Er hat an vielen verschiedenen Orten gewirkt.
- Bildet sieben Arbeitsgruppen. Jede Gruppe beschäftigt sich mit einer der folgenden ▶ Bibelstellen:
  - ▶ Lk 2,1–20
  - ▶ Lk 2,41–52
  - ▶ Mk 1,1–11
  - ▶ Mk 1,16–20
  - ▶ Lk 7,1–10
  - ▶ Lk 19,1–10
  - ▶ Joh 6,1–15
- Bestimmt mithilfe der Karte die Orte, wo die erzählten Ereignisse stattgefunden haben.
- Stellt euren Mitschülerinnen und Mitschülern die Bibelstelle vor, indem ihr die erzählten Ereignisse für sie zusammenfasst.

3 Heimat prägt einen Menschen. Sucht gemeinsam Beispiele, die zeigen, dass dieser Satz auch auf euch zutrifft.

Die Heimat Jesu

▲ Im Bergland von Galiläa

▲ Blick auf den See Gennesaret

▲ Am Jordan

▲ Rekonstruktion von Jerusalem zur Zeit Jesu

▲ Am Toten Meer

▲ In der Judäischen Wüste

▲ Die ehemalige Felsenfestung Masada

MITTELMEER

Tyrus

Kafarnaum
Betsaida
Kana
Magdala
See Gennesaret
GALILÄA
Tiberias
Sepphoris
Nazaret
Berg Tabor
Naïn

Cäsarea

Jordan

SAMARIA

Samaria
Sichem
Berg Garizim

Joppe

PERÄA

Bet-El
Jericho
Emmaus
Jerusalem
Qumran
Betanien
Betlehem

JUDÄA
Judäische Wüste
Totes Meer

Hebron

Masada

Höhe über dem Meeresspiegel

	unter 0 m
	0 bis 300 m
	300 bis 600 m
	600 bis 900 m
	über 900 m

0 — 50 km

Römische Besatzung und Kaiserkult

Im Jahr 63 v. Chr. veränderte sich das Leben der Menschen in ▸ Palästina grundlegend: Der römische Feldherr Pompeius eroberte das Land.

▲ *Das Römische Reich zur Zeit seiner größten Ausdehnung (ca. 115 n. Chr.)*

Eine Begebenheit schockierte die Juden besonders: Pompeius war neugierig auf den „unsichtbaren Gott" der Juden und betrat das Allerheiligste des ▸ Tempels in Jerusalem, zu dem sonst nur der Hohepriester Zugang hatte. Zwar ließ er alles an seinem Platz und ordnete anschließend eine rituelle Reinigung des Tempels an, aber seitdem hassten ihn die Juden für diesen Frevel – ihr Land war erobert und ihr Heiligtum geschändet.

Zur Verwaltung des Landes setzten die Römer einheimische Könige ein, doch sie bekamen die angespannte Lage nicht in den Griff: Immer wieder brachen Aufstände gegen die römische Besatzungsmacht aus. Daher ernannte Kaiser ▸ Augustus zusätzlich Statthalter, um Teile der Provinz zu verwalten. Als Jesus öffentlich in Erscheinung trat, war Pontius Pilatus Statthalter von ▸ Judäa. Er ließ die Steuern eintreiben, unter denen das Volk litt, und besaß allein das Recht, die Todesstrafe zu verhängen.

Dem jüdischen Glauben wurde eine Sonderstellung eingeräumt: Die Juden mussten den römischen Kaiser nicht als Gott verehren wie die Bewohner anderer Provinzen, aber zweimal täglich im Tempel ein Opfer für den Kaiser darbringen. Auch die jüdischen Hohepriester wurden von den Römern eingesetzt.

Profi-Tipp zu Aufgabe 3: Vergleicht die Inschrift von Priene mit den Geburtserzählungen Jesu (▸ S. 42/43). Erklärt, worin sich der Friede Jesu von dem des Augustus unterscheidet.

1 Nennt Gründe, warum die römischen Besatzer bei den meisten Juden unbeliebt waren.

2 Wie ist die Verehrung eines Menschen zu beurteilen?
- Sucht in Arbeitsgruppen berühmte Personen aus Geschichte und Gegenwart, die von anderen verehrt werden, z. B. aus den Bereichen Kunst, Musik, Sport oder Politik.
- Können solche Menschen einen positiven Einfluss auf euer Leben haben? Kann ihre Verehrung auch problematisch sein? Sucht Beispiele für beide Fragen und schreibt sie in eine Tabelle.
- Lest die Geschichte „Der vergöttlichte Kaiser" auf der rechten Seite. Erklärt die positiven und negativen Folgen, die sich aus der göttlichen Verehrung von Kaiser Augustus ergeben haben.

3 Mit der Verehrung des Kaisers haben die Menschen große Hoffnungen und Erwartungen verbunden.
- Skizziert die Hoffnungen, die in der Inschrift von Priene zum Ausdruck kommen.
- Begründet, warum viele Menschen Kaiser Augustus tatsächlich für einen Heilsbringen hielten.

Der vergöttlichte Kaiser

An einem heißen Nachmittag gehen Magnus und Quintus in ihren römischen Uniformen durch die engen Gassen von ▸ Jerusalem . Nachdenklich hält Magnus einen Denar in der Hand und betrachtet das Bildnis des Augustus: „Was haben die Juden eigentlich gegen unsere Verehrung des Kaisers? Und warum wollen sie ihm keine Opfergaben darbringen?" Quintus blickt ihn an und antwortet: „Die glauben doch nur an ihren einen Gott und dulden keine anderen Götter neben ihm. Einen Menschen wie einen Gott zu verehren, ist für sie völlig undenkbar. Aber wir haben doch nur Vorteile davon. Zumindest schadet es nicht. Außerdem hat seine Mutter schon vor seiner Geburt geträumt, dass ihr Körper zu den Sternen getragen würde und sich über die ganze Welt ausbreitet. Und der Gott Apollo soll sein Vater sein."

„Ein Gott als Vater? Damit haben die Juden sicher auch ein Problem", antwortet Magnus lachend. Nachdenklich erwidert Quintus: „Aber überleg doch mal, wie das ▸ Römische Reich unter seiner Herrschaft aufgeblüht ist. Er allein hat die hundertjährigen Bürgerkriege beendet und ein Friedensreich aufgebaut – das kann nur ein wahrer Heiland und Erlöser!"

Mit versteinerter Miene schaut der Bettler Ruben den beiden Soldaten hinterher. Er hat mitbekommen, worüber sie sich unterhalten haben. „Wie kann man nur einen Menschen vergöttlichen?", denkt er bei sich. „Auch wenn er noch so große Taten vollbracht hat – das ist Gotteslästerung!"

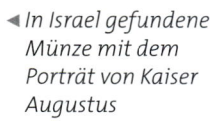

◂ In Israel gefundene Münze mit dem Porträt von Kaiser Augustus

Der sogenannte „Kalenderstein von Priene" mit der unten zitierten Inschrift. Priene ist eine antike Stadt in der heutigen Türkei ▸

Aus der Inschrift von Priene

Der Statthalter der römischen Provinz Asia gab im Jahr 9 v. Chr. einen Erlass heraus, dass künftig das Jahr immer am 23. September, dem Geburtstag des Kaisers Augustus, beginnen sollte. Dieser Erlass ist auf dem „Kalenderstein von Priene" festgehalten. Dort heißt es über den Geburtstag den Kaisers:

„Dieser Tag, der Geburtstag des Kaisers, hat der Welt ein anderes Gesicht gegeben. Sie wäre dem Untergang verfallen, wenn nicht in dem heute Geborenen für alle Menschen ein gemeinsames Heil aufgestrahlt wäre (…)
Die Vorsehung, die über allem Leben waltet, hat diesen Mann zum Heile der Menschen mit solchen Gaben erfüllt, dass er uns und den kommenden Geschlechtern als Heiland gesandt ist. Jedem Krieg wird er ein Ende setzen und alles herrlich machen. In seiner Erscheinung sind die Hoffnungen der Vorfahren erfüllt (…)
Es ist unmöglich, dass je ein Größerer käme. Mit dem Geburtstag des Gottes beginnt für die Welt das Evangelium, das sich mit seinem Namen verbindet."

Was die Menschen glaubten und hofften

Zur Zeit Jesu gab es verschiedene Gruppen, die ihre eigenen Ansichten vom Leben und vom Glauben hatten. Viele trauten dem römischen Frieden nicht, sondern hatten ganz andere Ansichten von einem Friedensreich. In diesem Umfeld predigte Jesus seine Botschaft vom Reich Gottes. Viele Menschen fragten sich, ob er vielleicht der ▶ Messias sei, der versprochene Erlöser ▶ Israels. Und sie wunderten sich, mit welchen Leuten er Umgang pflegte.

Die Sonne geht unter über den Dächern von Jerusalem. Wie jeden Abend macht Ruben es sich in einer abgelegenen Ecke zwischen zwei heruntergekommenen Häusern für die Nacht bequem – soweit das im Staub und Dreck der Straße überhaupt möglich ist. Noch immer beschäftigt ihn das Gespräch zwischen den beiden Soldaten, das er heute belauscht hat. Auch wenn die Römer manchmal übermächtig scheinen, glaubt er fest daran: Eines Tages wird der Messias kommen, um die Juden zu erlösen, und die römische Besatzung wird ein Ende haben. Aber auf welche Gruppe im Land sollte er seine Hoffnungen setzen? Auf die *Sadduzäer* wohl kaum, und auch die *Pharisäer* mit ihren strengen Forderungen waren ihm nicht wirklich geheuer. Aber die *Zeloten* …

Da reißen ihn eilige Schritte aus seinen Gedanken: „Ruben! Ruben!"

„Abner, was ist denn los? Warum bist du so aufgeregt? Schlag doch erst mal dein Nachtlager auf."

Abner steht keuchend vor ihm, sein Gesicht strahlt vor Freude: „Ich war bei ihm, ich habe ihn gehört! Er ist wirklich der Messias, auf den wir alle gewartet haben!"

„Jetzt mal langsam, von wem sprichst du denn überhaupt? Das haben doch schon viele von sich behauptet", erwidert Ruben.

„Jesus hat uns das Reich Gottes versprochen – uns, den Armen, Trauernden, Leidenden und Hungernden!

Wer barmherzig ist und ein reines Herz hat, der wird Gott finden", erzählt Abner atemlos, während er sein Nachtlager richtet. „Und ich war dabei, wie er einem *Gesetzeslehrer* die Geschichte von einem barmherzigen *Samariter* erzählt hat, der alles tut, um einem Verletzten zu helfen. Genau so sollen wir auch handeln."

„Das kann doch jeder erzählen", wirft Ruben ein.

„Aber Jesus predigt nicht nur Nächstenliebe, er setzt sich auch mit den Armen und Unreinen an einen Tisch. Er erzählt nicht nur, dass Gott alle Menschen liebt, er zeigt es auch!"

„Und weil er das tut, soll er der Messias sein? Diejenigen, die nicht mit Jesus am Tisch saßen, haben jedenfalls weiterhin Hunger. Nein, wenn der wahre Messias kommt, hat die ewige Ungerechtigkeit und Ausbeutung durch die *Zöllner* endlich ein Ende."

„Genau das wird geschehen, wenn sich die Menschen an Jesu Worte halten", erwidert Abner. „Sogar unsere Feinde sollen wir lieben, hat er gesagt."

Ruben kann sich ein Lachen nicht verkneifen: „Unsere Feinde lieben? Meint er, dass die Römer unser Land dann freiwillig verlassen? Solange die hier sind, herrscht weiter Unterdrückung. Nein, das Friedensreich kann erst anbrechen, wenn wir die Römer endlich vertrieben haben."

Sadduzäer: Die Sadduzäer bildeten eine relativ kleine religiöse Gruppe in Israel. Sie gehörten meist dem reichen und gebildeten Priesteradel an. An eine Auferstehung der Toten glaubten sie nicht. Sie waren überzeugt, dass es den Menschen im Leben so ergeht, wie sie es durch ihre Taten verdient haben. Sie waren auch bereit, mit den Römern zusammenzuarbeiten, wodurch sie sich ihren Einfluss und Wohlstand sicherten.

Pharisäer: *Zur Zeit Jesu waren die Pharisäer eine der einflussreichsten religiösen Gemeinschaften im Judentum. Sie hatten viele Anhänger beim einfachen Volk, waren besonders gesetzestreu und richteten ihr ganzes Alltagsleben nach den Geboten Gottes aus. Besonders streng legten sie die jüdischen Reinheitsvorschriften und die Bestimmungen zur Sabbatruhe aus. Dadurch wollten sie sich von der Menge abheben – „Pharisäer" bedeutet wörtlich übersetzt „Abgesonderter". Sie glaubten an die Auferstehung der Toten und hofften auf einen Messias. Darum war ihnen auch die Frage der Gebote so wichtig: Sie glaubten, dass der Messias dann kommen und sein Friedensreich aufrichten würde, wenn sich ganz Israel an die Gebote Gottes hält.*

Zeloten: *Die Zeloten („Eiferer") waren eine religiöse Gruppe, die streng nach den Geboten Gottes lebte. Sie kämpften mit Gewalt für die Befreiung Israels von den Römern und zettelten immer wieder Aufstände an. Die Zeloten hofften auf einen Messias, der die Römer in einer großen Schlacht besiegen und aus Israel vertreiben würde. Dann würde er ein Friedensreich nach den Geboten Gottes errichten, in dem auch die Armen und Unterdrückten ihr Recht erhielten.*

Gesetzeslehrer:

Die Gesetzeslehrer oder Schriftgelehrten waren ein eigener Berufsstand, der sich mit der Überlieferung und Auslegung der ▶ Tora befasste. Schriftgelehrte konnten in dieser Tätigkeit auch Anhänger einer bestimmten religiösen Gruppe sein.

Samariter: *Die religiöse Gruppe der Samariter (auch Samaritaner genannt) bildete sich im 4. Jahrhundert v. Chr. im Gebiet von Samaria (▶ S. 37). Die Samariter befolgten ebenso wie die Juden die Gebote der Tora und glaubten an ▶ Jahwe. Sie verehrten ihn aber nicht im ▶ Tempel, sondern in einem eigenen Heiligtum auf dem Berg Garizim. Dies führte zu einem Bruch mit den Juden, die das Heiligtum 129 v. Chr. in einem Krieg zerstörten. Zur Zeit Jesu bildeten Juden und Samariter trotz dieser Spannungen eine Zweckgemeinschaft, z. B. gegen den gemeinsamen Feind aus Rom.*

Zöllner: *Zöllner verlangten im Auftrag der Römer an Straßen, Brücken oder Stadttoren Zoll für die Waren, die die Menschen transportierten, um sie auf den Märkten zu verkaufen. Sie waren meist wohlhabend, wurden aber verachtet, weil sie als Verräter und Betrüger galten. Sie mussten den Römern einen Pachtzins für ihre Zollstelle bezahlen; was sie darüber hinaus einnahmen, konnten sie behalten. Weil sie mit den heidnischen Römern zusammenarbeiteten, galten sie als unrein und durften die ▶ Synagoge nicht besuchen.*

---

1 Viele Menschen hofften auf den Messias.
- Beschreibt die unterschiedlichen Vorstellungen, die Ruben und Abner vom Messias haben.
- Vergleicht die unterschiedlichen Messiaserwartungen der Pharisäer und Zeloten.

2 „Sogar unsere Feinde sollen wir lieben", erzählt Abner von Jesus. Dazu gehörten für viele Juden auch die Zöllner, mit denen Jesus Umgang pflegte. Wie reagieren die Sadduzäer, Pharisäer und Zeloten wohl darauf?
- Lest dazu die Geschichte des Zöllners Zachäus (▶ Lk 19,1–10) und das ▶ Gleichnis vom barmherzigen Samariter (▶ Lk 10,25–37, ▶ S. 24).
- Führt ein Streitgespräch zwischen Abner und einem Sadduzäer, einem Pharisäer und einem Zeloten.

3 „Meine Erwartungen an die Zukunft werden erfüllt, wenn ..." Führt diesen Satz für Ruben, Abner und drei der auf dieser Doppelseite genannten Gruppen weiter.

Die Erzählungen von Jesu Geburt

Mit der Geburt Jesu verbinden viele Menschen die Hoffnung auf eine bessere Welt. In der Bibel gibt es zwei verschiedene Erzählungen von Jesu Geburt: bei Matthäus und bei Lukas. Beide ▶ Evangelien deuten das Geheimnis der Menschwerdung Gottes auf ihre Weise.

Das Kind im Stall bei Lukas

¹Es geschah aber in jenen Tagen, dass Kaiser Augustus den Befehl erließ, den ganzen Erdkreis in Steuerlisten einzutragen. ²Diese Aufzeichnung war die erste; damals war Quirinius Statthalter von Syrien. ³Da ging jeder in seine Stadt, um sich eintragen zu lassen. ⁴So zog auch Josef von der Stadt Nazaret in Galiläa hinauf nach Judäa in die Stadt Davids, die Betlehem heißt; denn er war aus dem Haus und Geschlecht Davids. ⁵Er wollte sich eintragen lassen mit Maria, seiner Verlobten, die ein Kind erwartete. ⁶Es geschah, als sie dort waren, da erfüllten sich die Tage, dass sie gebären sollte, ⁷und sie gebar ihren Sohn, den Erstgeborenen. Sie wickelte ihn in Windeln und legte ihn in eine Krippe, weil in der Herberge kein Platz für sie war. ⁸In dieser Gegend lagerten Hirten auf freiem Feld und hielten Nachtwache bei ihrer Herde. ⁹Da trat ein Engel des Herrn zu ihnen und die Herrlichkeit des Herrn umstrahlte sie und sie fürchteten sich sehr. ¹⁰Der Engel sagte zu ihnen: Fürchtet euch nicht, denn siehe, ich verkünde euch eine große Freude, die dem ganzen Volk zuteilwerden soll: ¹¹Heute ist euch in der Stadt Davids der Retter geboren; er ist der Christus, der Herr. ¹²Und das soll euch als Zeichen dienen: Ihr werdet ein Kind finden, das, in Windeln gewickelt, in einer Krippe liegt. ¹³Und plötzlich war bei dem Engel ein großes himmlisches Heer, das Gott lobte und sprach: ¹⁴Ehre sei Gott in der Höhe und Friede auf Erden den Menschen seines Wohlgefallens.

Lk 2,1–14

▲ *Relief auf einem römischen Sarkophag, 4. Jahrhundert*

Zwei Texte, eine Botschaft

Nach der Erzählung bei Lukas wird Jesus während der Regierungszeit des römischen Kaisers ▶ Augustus in ▶ Betlehem, der Stadt ▶ Davids, geboren. Er kommt als hilfloses Baby in armseligen Verhältnissen zur Welt – und ist nach Lk 2,11 zugleich der Retter, Christus (▶ Messias) und Herr. Jesus ist der Erlöser der Menschheit und wird einen Frieden bringen, den die Welt nicht geben kann. Die ersten Zeugen der Menschwerdung Gottes sind einfache Hirten. Auch später wendet sich Jesus vor allem armen und einfachen Menschen zu. Diejenigen, die ihm folgen und an ihn glauben, erfahren die Liebe und Zuwendung Gottes zu allen Menschen.

Auch der ▶ Evangelist Matthäus erzählt, dass Jesus der erhoffte Messias ist. Nach Mt 2,6 ist er der Fürst und Hirte seines Volkes ▶ Israel – zugleich ist seine Geburt aber für alle Völker von Bedeutung: Auch die Sterndeuter aus dem Osten folgen dem Stern, um den neu geborenen König zu verehren. Ihre Gaben wurden später als Hinweis auf die Zukunft des Kindes verstanden: Gold als Zeichen der königlichen Würde, Weihrauch als Symbol der Gottesverehrung und Myrrhe für das Leiden Jesu am Kreuz. Zunächst wird das Kind aber durch Gottes Führung vor der Verfolgung durch König Herodes bewahrt.

Das Kind und die Sterndeuter bei Matthäus

¹Als Jesus zur Zeit des Königs Herodes in Betlehem in Judäa geboren worden war, siehe, da kamen Sterndeuter aus dem Osten nach Jerusalem ²und fragten: Wo ist der neugeborene König der Juden? Wir haben seinen Stern aufgehen sehen und sind gekommen, um ihm zu huldigen. ³Als König Herodes das hörte, erschrak er und mit ihm ganz Jerusalem. ⁴Er ließ alle Hohepriester und Schriftgelehrten des Volkes zusammenkommen und erkundigte sich bei ihnen, wo der Christus geboren werden solle. ⁵Sie antworteten ihm: in Betlehem in Judäa; denn so steht es geschrieben bei dem Propheten:

*⁶Du, Betlehem im Gebiet von Juda,
bist keineswegs die unbedeutendste
unter den führenden Städten von Juda;
denn aus dir wird ein Fürst hervorgehen,
der Hirt meines Volkes Israel.*

⁷Danach rief Herodes die Sterndeuter heimlich zu sich und ließ sich von ihnen genau sagen, wann der Stern erschienen war. ⁸Dann schickte er sie nach Betlehem und sagte: Geht und forscht sorgfältig nach dem Kind; und wenn ihr es gefunden habt, berichtet mir, damit auch ich hingehe und ihm huldige! ⁹Nach diesen Worten des Königs machten sie sich auf den Weg. Und siehe, der Stern, den sie hatten aufgehen sehen, zog vor ihnen her bis zu dem Ort, wo das Kind war; dort blieb er stehen. ¹⁰Als sie den Stern sahen, wurden sie von sehr großer Freude erfüllt. ¹¹Sie gingen in das Haus und sahen das Kind und Maria, seine Mutter; da fielen sie nieder und huldigten ihm. Dann holten sie ihre Schätze hervor und brachten ihm Gold, Weihrauch und Myrrhe als Gaben dar. ¹²Weil ihnen aber im Traum geboten wurde, nicht zu Herodes zurückzukehren, zogen sie auf einem anderen Weg heim in ihr Land.

Mt 2,1–12

Tipp zu Aufgabe 1: Lest dazu auch die ganze Geburtserzählung nach Lukas. Ihr findet sie in ▶ Lk 2,1–20.

▲ *Relief auf einem römischen Sarkophag, 4. Jahrhundert*

1 Benennt Merkmale, mit deren Hilfe sich die beiden Geburtserzählungen vergleichen lassen, z. B. den Ort und die Personen. Erstellt dann eine Tabelle und tragt die Gemeinsamkeiten und Unterschiede ein.

2 Fasst die wesentliche Botschaft der beiden Erzählungen zusammen. Informationen hierzu findet ihr im Text zur Botschaft der Evangelisten, der zwischen den beiden Geburtserzählungen steht.

3 Die beiden ▶ Bilder gehören zu den frühesten christlichen Weihnachtsdarstellungen. Vergleicht sie mit den Erzählungen und zeigt, welche Elemente vereinfacht und welche hinzugefügt wurden.

4 Im Buch des Propheten Jesaja steht der Satz: „Der Ochse kennt seinen Besitzer und der Esel die Krippe seines Herrn" (▶ Jes 1,3). Damit möchte der ▶ Prophet uns Menschen Ochse und Esel zum Vorbild geben: Sie wissen, wo sie hingehören. Dieser Satz hat den Anstoß gegeben, dass bei Krippendarstellungen immer auch Ochse und Esel zu finden sind. Lasst Ochse und Esel sprechen: Was möchten sie uns Menschen sagen?

5 Ein Sarkophag ist ein kunstvoll verzierter Marmorsarg. Die Weihnachtsbilder auf dieser Doppelseite sind auf dem Deckel eines solchen Sarkophags zu finden. Begründet, warum die Christinnen und Christen in Rom ihre Särge mit Weihnachtsbotschaften geschmückt haben: Welche Hoffnung kommt dadurch zum Ausdruck?

Jesus – Hoffnung für die Menschen

» *Voll Freude singe ich Gott, meinem Retter.*
Er schaut auf mich, eine unbedeutende Frau.
Jetzt werden all die vielen zu mir sagen:
„Gott hat dir geholfen. Er ist gut,
und er steht immer auf der Seite der Armen."
Wir wissen jetzt: Er ist groß.
Die Unterdrückten richtet er auf
und die Herren bringt er zu Fall.
Er gibt Brot denen, die Hunger haben,
die Reichen lässt er leer ausgehen.
Wie er es gesagt hat,
immer steht Gott an der Seite des Volkes. «

Nach dem Magnificat (Lk 1,46–55),
von armen Landarbeiterinnen aus Peru geschrieben

Das Lukasevangelium erzählt, dass der Engel Gabriel Maria die Geburt ihres Sohnes Jesus ankündigt. Kurz darauf besucht Maria ihre Verwandte Elisabet und stimmt einen Lobgesang an, der nach dem Anfangswort der lateinischen Fassung „Magnificat" heißt.

---

1 Was erhoffen sich die Menschen von Jesus? Verwendet für eure Antwort Formulierungen aus dem Magnificat – entweder aus dem Text links oder aus ▸ Lk 1,46–55.

2 Zeigt, wie der Künstler diese Hoffnung auf Veränderung ins Bild gebracht hat, als er malte, wie die Sterndeuter (▸ S. 43) zur Krippe kommen. Die Schritte zur Bilderschließung auf der rechten Seite helfen euch dabei.

So geht's
Bilder erschließen

1 Wahrnehmung: Was sehe ich?

Schau dir das Bild ruhig und konzentriert an:

- Lass deinen Blick über das Bild wandern, gehe sozusagen mit den Augen darin spazieren.
- Nimm wahr, was es alles zu sehen gibt.
- Äußere erste Eindrücke und Vermutungen.

2 Beschreibung: Wie ist das Bild aufgebaut?

Beschreibe genau, was du auf dem Bild siehst:

- Was steht im Vordergrund und was im Hintergrund, was in der Mitte und was am Rand?
- Welche Farben und Formen spielen eine Rolle?

◄ *Altarbild mit drei Einzelbildern: Rogier van der Weyden, um 1455*

- Wo sind Licht und Schatten?
- Welche Einzelheiten (Personen, Gegenstände, Handlungen …) kannst du entdecken? Beschreibe Aussehen, Kleider, Gebärden, Blickrichtung usw.
Beispiel: Betrachte den Stall auf dem mittleren Altarbild. Er sieht anders aus, als wir uns einen Stall vorstellen. Zähle auf, was an diesem Stall ungewöhnlich ist. Setze das, was du beobachtet hast, in Beziehung zu Jesus, der in diesem Stall geboren ist.

3 Deutung: Was bedeutet das Bild?

Setze dich mit dem Thema des Bildes auseinander:

- Bezieht es sich auf einen bestimmten Text oder eine Geschichte, z. B. aus der Bibel? Lies diesen Text und vergleiche Text und Bild.
- Kennst du andere Bilder zu diesem Thema? Vergleiche die Bilder.
Beispiel: Schau dir das Weihnachtsbild auf ▶ S. 30 an. Du kannst auch die beiden Bilder auf ▶ S. 42/43 heranziehen und mit dem mittleren Altarbild auf dieser Doppelseite vergleichen.

Das rechte Altarbild zeigt, wie Maria und Josef den kleinen Jesus nach seiner Geburt zum ▶ Tempel in Jerusalem bringen. Dort begegnen sie dem alten Simeon und der Prophetin Hanna. Als Simeon das Kind sieht, sagt er:

²⁹ *Nun lässt du, Herr, deinen Knecht,*
wie du gesagt hast, in Frieden scheiden.
³⁰ *Denn meine Augen haben das Heil gesehen,*
³¹ *das du vor allen Völkern bereitet hast,*
³² *ein Licht, das die Heiden erleuchtet,*
und Herrlichkeit für dein Volk Israel.   Lk 2,29–32

Beschreibe, wie der Maler „Licht" in sein Bild gebracht hat und was er damit ausdrücken will.

Menschen feiern Jesu Geburt bis heute

Nach Jesu Auferstehung haben seine Anhänger ihn als Sohn Gottes erkannt: Jesus selbst, in dem Gott Mensch geworden ist, ist der zentrale Inhalt des christlichen Glaubens. Daher haben die Menschen schon früh begonnen, seinen Geburtstag zu feiern. Dabei entwickelten sie immer wieder neue Bräuche, um an die besondere Bedeutung von Jesu Geburt zu erinnern.

Warum feiern wir im Dezember Weihnachten?

In den Erzählungen von Jesu Geburt ist kein genaues Datum erwähnt, weil die ▶ Evangelisten vor allem zeigen wollten, dass mit dieser Geburt der Erlöser in die Welt gekommen ist. Nicht einmal das Jahr, in dem Jesus geboren wurde, wissen wir genau, obwohl unsere Zeitrechnung mit seiner Geburt beginnt. Heute geht man davon aus, dass die Angabe aus ▶ Mt 2,1, dass Jesus zur Zeit Herodes' des Großen geboren wurde, historisch zuverlässig ist. Allerdings wissen wir auch, dass Herodes schon im Jahr 4 v. Chr. gestorben ist.

Den Tag des Weihnachtsfestes haben wir römischen Christen zu verdanken, die Jesu Geburt seit dem 4. Jahrhundert am 25. Dezember feiern. Nach dem damaligen Kalender war das der kürzeste Tag im Jahr, an dem im ▶ Römischen Reich die Geburt des „unbesiegten Sonnengottes", des ▶ Sol invictus, gefeiert wurde. Die Christen haben diesen Tag auf Jesus umgedeutet, der nach ▶ Mal 3,20 auch als „Sonne der Gerechtigkeit" bezeichnet wurde. Außerdem galt der längste Tag des Jahres sechs Monate zuvor – also der 24. Juni – als Geburtstag Johannes des Täufers, der nach ▶ Lk 1,26 sechs Monate vor Jesus geboren wurde.

Schließlich entstand mit dem Advent eine Vorbereitungszeit auf das Weihnachtsfest. Viele Advents- und Weihnachtsbräuche zeigen bis heute, dass Jesus für Christen das „Licht der Welt" (▶ Joh 8,12) ist.

▲ *Christus als Sol invictus, Mosaik in der Vatikanischen Nekropole, 3. Jahrhundert n. Chr.*

1 Obwohl der genaue Geburtstag Jesu nicht bekannt ist, feiern wir ihn am 25. Dezember. Spielt es eine Rolle, dass wir Weihnachten möglicherweise nicht am wirklichen Geburtstag Jesu feiern? Nehmt ▶ Stellung dazu.

2 Beschreibt und erklärt mithilfe des Textes, wie Jesus auf dem Mosaik oben dargestellt wird.

3 Auch in den Erzählungen über Jesu Geburt (▶ S. 42 und 43) ist Lichtsymbolik zu finden.
  ▪ Benennt die Hinweise in den Erzählungen, dass Jesu Geburt Licht in die Welt bringt.
  ▪ Sucht Advents- und Weihnachtslieder, in denen Motive vorkommen, die mit Licht zu tun haben.

Tipp zu Aufgabe 3: Ihr könnt die Lieder bei einer gemeinsamen Adventsfeier singen.

Was bedeutet die Krippe?

Der Weihnachtsgeschichte nach Lukas zufolge war das erste Bett Jesu eine ganz gewöhnliche Futterkrippe. Die Bedeutung dieser Aussage zeigt sich darin, dass schon in den frühesten bekannten Weihnachtsdarstellungen immer auch die Krippe zu erkennen ist, in der das Jesuskind liegt (▶ S. 42).

Heute gehören Krippendarstellungen zu den wichtigsten Bräuchen der Weihnachtszeit; ein Weihnachtsmarkt oder gar eine Kirche zu Weihnachten sind für uns ohne Krippe undenkbar. Dieser Brauch geht auf den heiligen Franziskus zurück, der das Geburtsfest Jesu das „Fest der Feste" nannte und möglichst realistisch erleben wollte. Deshalb feierte er Weihnachten im Jahr 1223 zum ersten Mal in einer Höhle mit nachgebauter Krippe samt Schauspielern, Ochse und Esel.

Laut einer frühen Lebensbeschreibung des heiligen Franziskus hat er die Weihnachtskrippe folgendermaßen begründet:

„Ich möchte nämlich das Gedächtnis an jenes Kind begehen, das in Betlehem geboren wurde, und ich möchte die bittere Not, die es schon als kleines Kind zu leiden hatte, wie es in eine Krippe gelegt, an der Ochs und Esel standen, und wie es auf Heu gebettet wurde, so greifbar als möglich mit eigenen Augen schauen."

Franziskus wollte auch, dass an Weihnachten „die Armen und Hungrigen von den Reichen gespeist würden" und dass selbst die Tiere Korn und Heu im Überfluss haben.

Bei dieser Feier, so heißt es in der Lebensbeschreibung des Franziskus, sei das Kind Jesus im Herzen vieler Menschen neu geboren worden.

---

4 Zeichnet eine Krippe in euer Heft und schreibt dazu, was man in einem Stall sehen, hören, riechen und fühlen kann.

5 Begründet mithilfe des Textes: Was ist Franziskus an Weihnachten wichtig? Warum stellt er eine „echte Krippe" dar?

6 Kreuz und Krippe gehören zusammen.

- Zeigt, wie man diesen Zusammenhang auf dem ▶ Fresko erkennen kann. Achtet besonders darauf, wie das Jesuskind und die Krippe dargestellt sind.

- Manche Menschen halten Weihnachtskrippen für eine kitschige Tradition. Schreibt einen Brief an diese Menschen, in dem ihr ihnen die Bedeutung der Krippe erklärt.

▲ Fresko in der Höhle im Kloster bei Greccio, in der Franziskus mit seinen Mitbrüdern das erste Weihnachtsfest mit Krippe feierte. Das Fresko aus dem 14. Jahrhundert zeigt rechts die Geburt Jesu im Stall von ▶ Betlehem, links den knienden Franziskus vor dem Jesuskind.

Bräuche in der Advents- und Weihnachtszeit

Die Advents- und Weihnachtszeit ist geprägt von vielen Bräuchen, die etwas von der Bedeutung der Geburt Jesu zum Ausdruck bringen. Gerade die Adventszeit als Vorfreude auf Weihnachten ist für viele Menschen eine besondere Zeit. Hier bieten Bräuche eine Möglichkeit, sich auf das Eigentliche zu besinnen.

Adventskranz

Das Entzünden einer Kerze für jeden der vier Adventssonntage macht das Warten auf das „Licht der Welt" (▸ Joh 8,12) in der dunklen Jahreszeit sichtbar. Die grünen Zweige stehen für die damit verbundene Hoffnung. Siegern wurden früher Kränze verliehen. Der Kranz ist also auch ein Zeichen dafür, dass Christus die Dunkelheit besiegt hat. Seine runde Form bedeutet: Mit Christus wird das Leben „rund". Die Idee für den Adventskranz hatte der evangelische Pastor Johann Hinrich Wichern, der in Hamburg ein „Rettungshaus" für arme und verwahrloste Kinder gegründet hat. Ab 1839 las er dort jeden Tag im Dezember aus der Bibel vor und entzündete eine weitere Kerze. Wicherns erster Adventskranz hatte also 24 Kerzen; zu Beginn des 20. Jahrhunderts waren dann Adventskränze mit vier Kerzen für die vier Adventssonntage in ganz Deutschland verbreitet.

Nikolaustag (6. Dezember)

Um den heiligen Nikolaus, der im 3./4. Jahrhundert Bischof von Myra in der heutigen Türkei war, ranken sich zahlreiche Legenden, die seine besondere Güte und Hilfsbereitschaft betonen. Nikolaus gilt als Patron der Kinder, weil er der Legende nach drei arme Mädchen mit Gold beschenkt und sie damit vor einem schlimmen Schicksal bewahrt hat. Bald schon entstand der Brauch, dass der Heilige zum Gabenbringer für die Kinder wurde. Je nach Region wird Nikolaus auch von einem wilden Gesellen begleitet, dem Krampus oder Knecht Ruprecht. Er symbolisiert das überwundene Böse, das dem Guten dienen muss.

1 Recherchiert nach weiteren Advents- und Weihnachtsbräuchen in eurer Region. Sammelt Informationen zu Bräuchen und Krippendarstellungen aus anderen Ländern. Präsentiert euren Mitschülerinnen und Mitschülern diese Bräuche.

2 Vergleicht Nikolaus und Weihnachtsmann. Nehmt zunächst das Foto zu Hilfe und nennt Gemeinsamkeiten und Unterschiede. Gestaltet dann einen ▸ Steckbrief zu Nikolaus und Weihnachtsmann.

3 In vielen Advents- und Weihnachtsbräuchen spielt das Licht eine Rolle.
- Erstellt eine Liste mit solchen Bräuchen. Erklärt, was mit dieser Lichtsymbolik zum Ausdruck kommt.
- Der Weihnachtsbaum wird oft mit Strohsternen geschmückt. Begründet, warum das ein sinnvoller Brauch ist. Bastelt Strohsterne für euer Klassenzimmer.

4 Ihr könnt für euer Klassenzimmer eine Wurzel mit grünen Tannenzweigen und Kerzen schmücken.
- Lest dazu den Text aus Jes 11,1. Sprecht ihn mehrfach, laut und leise.
- Singt das Weihnachtslied: „Es ist ein Ros entsprungen" (Gotteslob Nr. 243).

Weihnachtsbaum

Schon in der Antike haben verschiedene Kulturen zu besonderen Zeiten Bäume geschmückt oder ihre Häuser mit grünen Zweigen versehen, um Lebenskraft zu symbolisieren. Die ersten Weihnachtsbäume, auch Christbäume genannt, waren die sogenannten Paradiesbäume im Mittelalter, die bei Aufführungen der Geschichte von Adam und Eva in der Adventszeit mit Äpfeln geschmückt wurden. Die heutigen Christbaumkugeln erinnern noch an diese Äpfel. Im 18. Jahrhundert verbreitete sich der Brauch, zur Weihnachtszeit geschmückte Tannenbäume im Haus aufzustellen, in Deutschland, ab dem 19. Jahrhundert in der ganzen Welt.

Krippe und Krippenspiele

Eine Weihnachtskrippe will den Betrachterinnen und Betrachtern Szenen der Weihnachtsbotschaft vor Augen führen. Als „Erfinder" von Krippendarstellungen gilt der heilige Franz von Assisi (▸ S. 47). Dieser Brauch verbreitete sich im Mittelalter, entweder mit Schauspielern und Tieren oder mit Figuren. Seit dem 18. Jahrhundert waren Krippenszenen aus Holz oder Papier auch in Privathaushalten verbreitet. In manchen Regionen hat die Krippe einen höheren Stellenwert als der Weihnachtsbaum; sie wird dann oft durch weitere biblische Szenen ergänzt oder der Heimat der Betrachterinnen und Betrachter, z. B. der alpenländischen Umgebung, angepasst. Vielerorts gibt es auch Krippenspiele, in denen die Geschichte von Weihnachten dargestellt wird – nach dem biblischen Text oder auch in modernen Varianten.

Sternsinger

Am Dreikönigstag ziehen Kinder – verkleidet als Heilige Drei Könige – von Haus zu Haus, singen ein Lied und sammeln Spenden für notleidende Kinder. Mit Kreide schreiben sie den Segensgruß „20 * C + M + B + (Jahreszahl)" über die Haustür, was entweder als Abkürzung für *Christus Mansionem Benedicat* (lateinisch für „Christus segne dieses Haus")

Die Adventswurzel

In manchen Kirchen findet man statt des Adventskranzes eine Adventswurzel. Das ist eine Baumwurzel, auf der vier Kerzen wie beim Adventskranz angebracht sind. Dieses fast vergessene ▸ Symbol erinnert an eine Aussage des ▸ Propheten Jesaja: „Aus dem Baumstumpf Isais wächst ein Reis hervor, ein junger Trieb aus seinen Wurzeln bringt Frucht" (▸ Jes 11,1). Isai war der Vater von König David. Mit diesen Worten kündigt der Prophet Jesaja an: Gott schenkt Leben, wo scheinbar keine Hoffnung mehr besteht – so wie aus einem alten Baumstumpf auf einmal ein neuer Trieb wächst. Eines Tages wird wieder jemand kommen, der mit Gottes Hilfe so stark und so mächtig ist wie einst König ▸ David – der lang ersehnte Retter, der dem Volk ▸ Israel hilft und es befreit. Die Christen haben dieses Hoffnungswort schon bald auf Jesus gedeutet, denn sie waren überzeugt: Jesus ist der erhoffte Retter, der ▸ Messias.

gelesen werden kann oder als Abkürzung für die Namen Caspar, Melchior und Balthasar, wie die Sterndeuter aus dem Osten (▸ S. 43) nach der Tradition heißen. Die Sternsinger sind die weltweit größte Solidaritätsaktion von Kindern für Kinder.

Advent und Weihnachten feiern

Der erste Advent markiert den Beginn des Kirchenjahres. Zugleich ist er der Beginn des Weihnachtsfestkreises, der aus der Vorbereitungszeit des Advent und der Weihnachtszeit besteht.

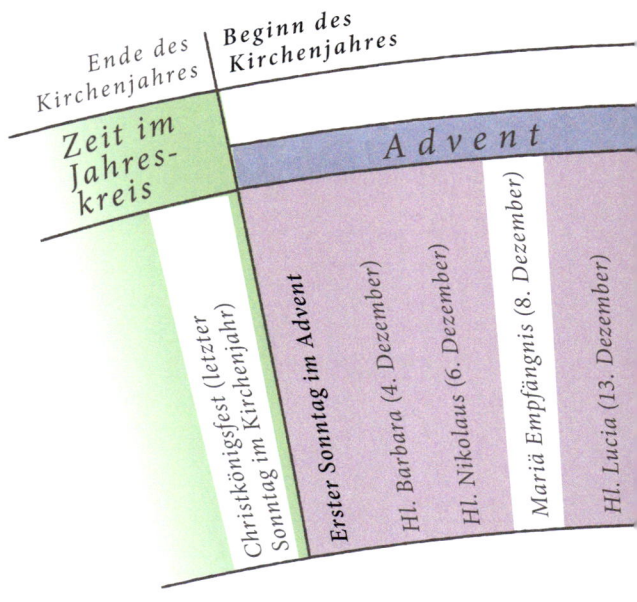

Abenteuer Advent

Das Wort „Abenteuer" und das Wort „Advent" stammen von demselben lateinischen Wort, von *advenire* = ankommen, herankommen, sich ereignen. Advent ist sozusagen etwas Abenteuerliches. Advent hat mit dem Abenteuer Gottes zu tun, der Mensch wurde und sich auf die Menschen einließ, und mit dem Abenteuer der Menschen, die Jesus folgen und sich auf ihn einlassen.

Der Advent ist die Zeit, in der wir auf dieses Abenteuer, auf Weihnachten warten. Der Advent beginnt am Sonntag nach dem 26. November und endet nach vier Adventssonntagen mit dem Heiligabend am 24. Dezember.

Wunder Weihnachten

Mit Sonnenuntergang am 24. Dezember beginnt Weihnachten. Es ist die Feier eines Wunders: In einem Kind ist Gott selbst zur Welt gekommen.

Der erste Weihnachtsfeiertag: Auf die Heilige Nacht, die Nacht vom 24. auf den 25. Dezember, folgt mit dem 25. Dezember das eigentliche Weihnachtsfest, das „Hochfest der Geburt des Herrn".

Weihnachtsoktav: Die acht Tage von Weihnachten bis zum Neujahrstag, der zugleich das Hochfest der Gottesmutter Maria ist, werden auch als Weihnachtsoktav bezeichnet (von lat. *octavus* = der Achte).

Erscheinung des Herrn: Das Fest der „Heiligen Drei Könige" am 6. Januar ist noch einmal ein besonderer Höhepunkt. Der Name des Festes erinnert an die Sterndeuter, die uns der Evangelist Matthäus vorstellt (▶ S. 43) und die auf sonderbaren Wegen zur Krippe finden, um den neugeborenen König anzubeten. Aus der Dreizahl und der Kostbarkeit Geschenke – Gold, Weihrauch und Myrrhe – schloss man auf ihre Anzahl und auf ihre königliche Herkunft.

Das Fest hat noch einen weiteren Namen: „Erscheinung des Herrn" oder „Epiphanie". *Epiphanie* ist das

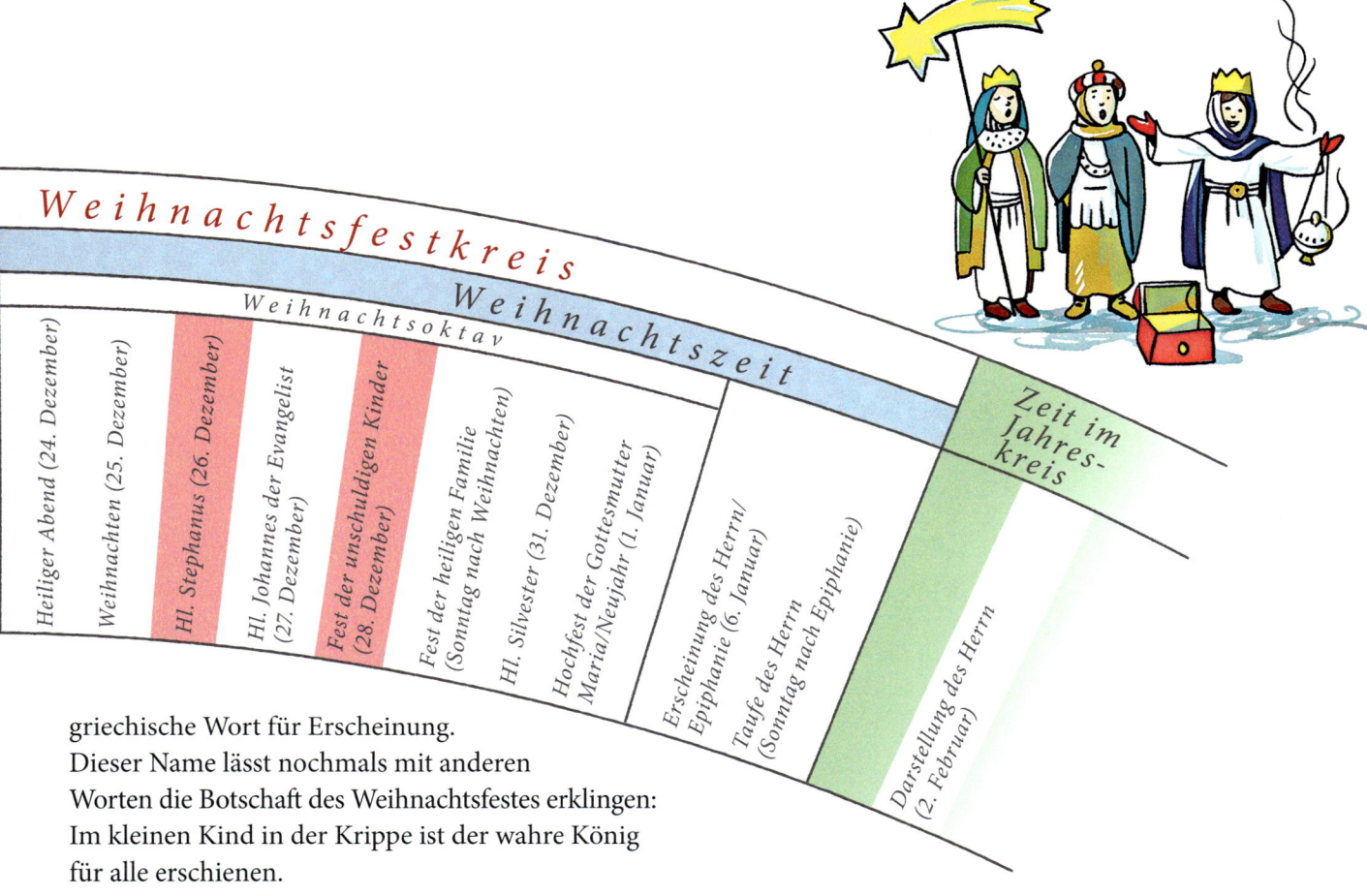

Weihnachtsfestkreis

Weihnachtszeit

Weihnachtsoktav

- Heiliger Abend (24. Dezember)
- Weihnachten (25. Dezember)
- Hl. Stephanus (26. Dezember)
- Hl. Johannes der Evangelist (27. Dezember)
- Fest der unschuldigen Kinder (28. Dezember)
- Fest der heiligen Familie (Sonntag nach Weihnachten)
- Hl. Silvester (31. Dezember)
- Hochfest der Gottesmutter Maria/Neujahr (1. Januar)
- Erscheinung des Herrn/ Epiphanie (6. Januar)
- Taufe des Herrn (Sonntag nach Epiphanie)

Zeit im Jahreskreis

- Darstellung des Herrn (2. Februar)

griechische Wort für Erscheinung. Dieser Name lässt nochmals mit anderen Worten die Botschaft des Weihnachtsfestes erklingen: Im kleinen Kind in der Krippe ist der wahre König für alle erschienen.

Taufe des Herrn: Mit diesem Fest, das am Sonntag nach Epiphanie gefeiert wird, endet die Weihnachtszeit. Bei der Taufe Jesu am Jordan bestätigt Gott selbst: „Du bist mein geliebter Sohn" (▶Mk 1,11).

Darstellung des Herrn: Früher dauerte die Weihnachtszeit bis zum 2. Februar. Das ist der 40. Tag nach Weihnachten. An diesem Tag wird das Fest „Darstellung des Herrn" gefeiert: Es ist der Tag, an dem Maria und Josef den kleinen Jesus nach seiner Geburt zum ▶Tempel bringen, um dort Gott ein Opfer für ihren erstgeborenen Sohn darzubringen. Zwei Menschen, Simeon und Hanna, erkennen dort in Jesus den versprochenen ▶Messias (▶S. 45). Volkstümlich wird der Tag „Mariä Lichtmess" genannt und mit Lichterprozessionen begangen. Darum belässt man in vielen Kirchen den Weihnachtsschmuck bis zu diesem Tag.

1 Sucht ▶Symbole, die zeigen, dass Advent eine Zeit der Erwartung ist. Gestaltet damit eine Adventsecke oder einen Adventstisch. Ihr könnt euch jeden Morgen oder einmal in der Woche dort treffen, eine passende Geschichte vorlesen und gemeinsam Advents- und Weihnachtslieder singen.

2 Die ▶liturgischen Farben im Weihnachtsfestkreis sind Violett, Weiß und Rot. Erklärt, welche Bedeutung diese Farben haben.

3 An Weihnachten machen sich die Menschen Geschenke. Erklärt, was dieser Brauch mit Weihnachten zu tun hat.

4 Entwerft ein ▶Plakat zum Weihnachtsfestkreis: Ordnet den Festtagen Bräuche und Symbole zu. Stellt dabei die Bedeutung der Festtage heraus.

Tipp zu Aufgabe 1: Hinweise zur Gestaltung einer Adventsfeier findet ihr auch im Gotteslob Nr. 25.

Zeige, was du kannst

Aufgabe A: Das göttliche Kind

¹*Das Volk, das in der Finsternis ging,*
sah ein helles Licht;
über denen, die im Land des Todesschattens wohnten,
strahlte ein Licht auf. (…)
⁵*Denn ein Kind wurde uns geboren,*
ein Sohn wurde uns geschenkt.
Die Herrschaft wurde auf seine Schulter gelegt.
Man rief seinen Namen aus: Wunderbarer Ratgeber,
Starker Gott, Vater in Ewigkeit, Fürst des Friedens.
⁶*Die große Herrschaft und der Frieden sind ohne Ende*
auf dem Thron ▸ *Davids und in seinem Königreich,*
es zu festigen und zu stützen durch Recht
und Gerechtigkeit, von jetzt an bis in Ewigkeit.
Der Eifer des Herrn der Heerscharen
wird das vollbringen.
Jes 9,1.5–6

1 Schon über 700 Jahre vor Christus hat der
   ▸ Prophet Jesaja die Geburt eines göttlichen
   Kindes verheißen. Erschließe diesen Text und
   setze ihn in Bezug zu den zentralen Themen
   dieses Kapitels (z. B. Hoffen auf den ▸ Messias,
   Geburtserzählungen Jesu, Lichtsymbolik).
2 Später haben Christinnen und Christen die
   Verheißung Jesajas auf Jesus bezogen. Das kannst
   auch du: Suche dir ein Sprachbild aus dem Jesaja-
   Text aus, das dich besonders anspricht, und
   gestalte eine Weihnachtskarte dazu.

Tipp: Auf ▸ S. 15 findest du eine Anleitung zum
Erschließen von Texten mit Sprachbildern.

Aufgabe B: Mensch geworden

Mensch geworden
Gott
   ist Mensch geworden.
Gott
   verkörpert sich
   in Jesus.
Durch Jesus
   erkennen wir das Göttliche
   in jedem Menschen:
   die Liebe.
Durch die Liebe
   werden meine Hände
   seine Hände,
   meine Augen
   seine Augen,
   meine Worte
   seine Worte.
ER begegnet uns,
   wenn wir uns begegnen
   in der Liebe.
Elmar Gruber

In seinem Gedicht geht Elmar Gruber der Frage
nach, was die Weihnachtsbotschaft für uns heute
bedeuten kann.

1 Benenne die Aussagen im Gedicht, die zeigen,
   dass es sich auf Weihnachten bezieht.
2 Formuliere mit eigenen Worten, was die Weihnachtsbotschaft mit uns heute zu tun hat.
3 Suche Beispiele aus unserer Zeit, für die die
   Aussage zutrifft: „Durch die Liebe …
   ▪ werden meine Hände seine Hände."
   ▪ werden meine Augen seine Augen."
   ▪ werden meine Worte seine Worte."
4 Entwirf ein T-Shirt mit dem Aufdruck: „Mach's
   wie Gott – werde Mensch!"

Aufgabe C: Mit Jesus am Tisch

▲ *Leszek M. Zegalski, 1992*

1 Erschließe das Bild nach der Anleitung auf ▶ S. 45.
2 Worüber könnten sich die Personen auf dem Bild unterhalten?
   - Lies Erzählungen in der Bibel nach, in denen Jesu Umgang mit Kranken, Benachteiligten und Randgruppen der Gesellschaft beschrieben wird, z. B.
     - ▶ Lk 5,12–32
     - ▶ Lk 6,6–11
     - ▶ Lk 7,36–50
   - Entwirf ein Gespräch zwischen Jesus und den anderen Personen auf dem Bild.

3 Wer sind die Zöllner, Aussätzigen und Samariter von heute?
   - Diskutiere mit deinen Mitschülerinnen und Mitschülern darüber, welche Randgruppen heute negativ wahrgenommen werden.
   - Verfasse eine Rede, in der du für eine dieser Randgruppen eintrittst. Trage deine Rede vor der Lerngruppe vor.

3 Auf der Suche nach Gott

Das Kinderbuch „An der Arche um Acht" ist aus der Sicht dreier Pinguine erzählt, die sich vor einer großen Flut auf die Arche Noah retten können. Doch bevor das Unwetter losbricht, flattert etwas Gelbes um ihre Köpfe und setzt sich in den Schnee.

„Den murkse ich jetzt ab", sagt der kleine Pinguin. „Lass diesen Schmetterling in Frieden", rufen die beiden anderen. „Aber ich will den jetzt abmurksen", bettelt der Kleine.
„Du sollst nicht töten."
„Wer hat das gesagt?"
„Gott", antworten die beiden anderen Pinguine, „Gott hat gesagt, man soll nicht töten."
„Ach so", sagt der Kleine, dann überlegt er eine Weile und fragt schließlich: „Wer ist eigentlich Gott?" Wenn man einen Pinguin fragt, wer Gott ist, weiß er nie genau, was er darauf antworten soll. „Oh Gott", stottert der eine Pinguin, „schwierige Frage. Also Gott ist groß und sehr, sehr mächtig. Er hat sich jede Menge Regeln ausgedacht und kann ziemlich ungemütlich werden, wenn man sich nicht daran hält. Aber sonst ist er sehr freundlich."
„Er hat nur einen kleinen Nachteil", ergänzt der andere Pinguin.
„Und der wäre?", fragt der Kleine neugierig.
„Gott ist unsichtbar."
„Das ist aber ein gewaltiger Nachteil", der kleine Pinguin macht ein enttäuschtes Gesicht. „Wenn man Gott nicht sehen kann, weiß man nicht mit Sicherheit, ob es ihn wirklich gibt."

Ulrich Hub

◄ *Wolfgang Mattheuer, 1994*

LOGISCH!

> Wenn es Gott gäbe, müsste man ja etwas von ihm merken.

1 Betrachtet das ▶ Bild auf der linken Seite genau und tauscht euch über die Einzelheiten aus, die ihr entdeckt. Diskutiert darüber, was dieses Bild mit der Suche nach Gott zu tun haben könnte.

2 Die Geschichte vom kleinen Pinguin und der Cartoon auf dieser Seite enthalten Fragen über Gott und auch Antworten auf solche Fragen. Sammelt diese und ordnet die Antworten den Fragen zu.

3 Hast du eigene Fragen zu Gott oder Fragen, die du Gott stellen willst?
  ▪ Schreibe deine Fragen auf.
  ▪ Sammelt und ordnet eure Fragen, z. B. an einer Pinnwand. Schreibt im Verlauf der Unterrichtseinheit die Antworten dazu, die euch begegnen.

4 In anderen Kapiteln und im Unterricht der letzten Jahre habt ihr schon einiges über Gott gelernt. Erstellt in Gruppen eine ▶ Mindmap mit eurem Wissen und tauscht euch darüber aus.

Netzkarte

Wer ist Gott? Auf der Suche nach eigenen Antworten kannst du verschiedene Wege einschlagen und verschiedene Haltepunkte ansteuern. Du wirst Vorstellungen von Gott aus früheren Zeiten begegnen und erfahren, was Gott für Christen bedeutet.
Menschen drücken ihre Vorstellungen von Gott oft in bildhaften Formen aus. In diesem Kapitel wirst du darum auch lernen, solche Bilder und Symbole zu erschließen.

... in Götterbildern

... in Bildern und Symbolen

1 Gehe dieser Netzkarte nach und suche die Bilder auf den Doppelseiten des Kapitels. Damit kannst du dir einen Überblick darüber verschaffen, was dich erwartet.

2 Sicher weißt du zu manchen Punkten schon vieles aus deiner Grundschulzeit. Überlege, was dir bekannt vorkommt und welche Aspekte ganz neu sind. Vielleicht gibt es auch Themen, die dich spontan besonders ansprechen.

3 Am Ende des Kapitels solltest du nicht nur den „Fahrplan" kennen, sondern auch von jeder Station etwas Wichtiges mitgenommen haben. Schreibe nach jeder Station auf, was dir wichtig war und was du jetzt weißt und kannst.

3 Gott

... in Vorstellungen von Kindern und Jugendlichen

... im Christentum

Menschen suchen nach Gott ...

... und bekennen sich zu ihm

... im Alltag und im Gottesdienst

... in der Antike

... beim Pilgern

Wie Kinder und Jugendliche sich Gott vorstellen

Wie sieht Gott aus? Ist er uns Menschen ähnlich? Hat er ein Gesicht? Ist Gott ein Mann oder eine Frau? Wirkt er freundlich oder bedrohlich? Sieht er immer gleich aus oder verändert er seine Gestalt?
Diese Fragen beschäftigen die Menschen. Hier findet ihr einige Antwortversuche von Kindern und Jugendlichen in Bildern und Zitaten.

» *Gott ist einer, der Wasser, Sonne, Liebe und noch mehr hergibt.* «   Isabel

» *Ich denke, dass jeder eine andere Vorstellung von Gott hat. Ich habe die Auffassung, dass Gott für die meisten eine Stütze im Leben ist, mit der man Hoffnung, Vertrauen, Kraft aufbauen kann und mit deren Hilfe man den Mut im Leben nicht verliert. Für mich existiert Gott nicht real, sondern ist eher etwas Unbekanntes, nicht Erklärbares.* «   Lena

» *Gott ist für mich ein Wesen im Himmel. Es strahlt ganz viel Licht aus.* «   Lukas

» *Ich stelle mir Gott als älteren Mann mit langem weißem Bart vor. In etwa so wie Zeus in meinem Lieblingscomputerspiel. Er ist muskulös und sitzt auf einer Wolke, um die Menschen zu beobachten.* «
Henrik

» *Ich kann mir unter Gott gar nichts vorstellen.* «
Marlen

» *Lieber Gott! Bitte mach, dass ich unsichtbar werde, wenn ich es will. Ich werde dann auch alles tun, was du von mir erwartest. Ist das ein Angebot? Dein Freund Andi* « Andreas

» *Ich persönlich kann mir von Gott nur schwer Vorstellungen machen. Ich kann mir nicht vorstellen, dass es eine Person gibt, die das Handeln und damit auch das Leben so vieler Menschen beeinflusst.* « Anna

» *Ganz einfach ist es nicht zu beschreiben, aber ich denke, dass es etwas Göttliches gibt. Gott ist der Teil in uns, der uns veranlasst, das Richtige zu tun. Gott ist das gute Gefühl von Zufriedenheit, wenn man etwas richtig oder etwas Gutes getan hat. Gott ist für mich das Mädchen, das mich so verzaubert, dass ich alles vergesse und nur noch sie kenne. Gott ist der Wille weiterzumachen. Gott ist das Leben an sich. Alles Schöne und Schlechte.* « Felix

» *Gott ist der Krieger der Liebe.* « Dustin

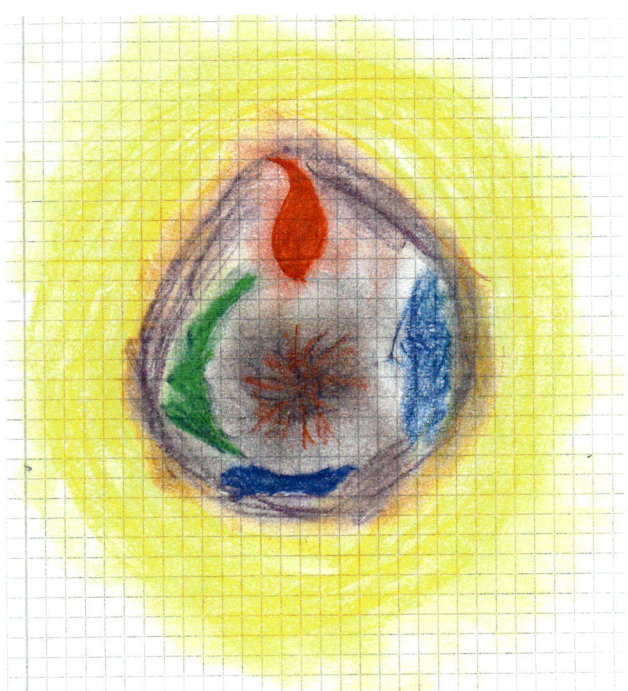

» *Gott war vor allen anderen Dingen. Er hat alles erschaffen, was es gibt.* « Jonas

1 Beschreibt, wie sich die Kinder und Jugendlichen Gott jeweils vorstellen. Lest dazu auch die Eingangsfragen und erklärt, wie die Kinder und Jugendlichen sie für sich beantwortet haben.
2 Prüft, welche Aussagen zusammenpassen:
   - Ordnet die Texte und Bilder in drei bis vier Gruppen.
   - Formuliert für jede Gruppe eine passende Überschrift.
3 Das Gottesbild eines Menschen verändert sich im Laufe seines Lebens.
   - Male ein Bild mit einer Vorstellung, wie du sie früher von Gott hattest, und schreibe dazu: „So habe ich mir Gott früher vorgestellt: …"
   - Male darunter ein zweites Bild und schreibe dazu: „So denke ich heute über Gott: …"
   - Begründe, warum sich dein Gottesbild geändert hat.
4 Auch in Gebeten und religiösen Liedern sind oft Gottesbilder versteckt. Sucht in diesem Buch nach Beispielen.
5 Was sagen die verschiedenen Gottesvorstellungen wirklich über Gott aus? Wie lässt sich erklären, dass es so verschiedene Ansichten von Gott gibt? Gibt es „richtige" und „falsche" Gottesbilder? Diskutiert über diese Fragen.

Mit Gottesbildern umgehen

Die Schülerinnen und Schüler der Klasse 5b sprechen im Religionsunterricht über ihre Gottesbilder. Da meldet sich Dominik und fragt: „Sind Gottesbilder denn nicht verboten?" Dominik erinnert sich aus dem Unterricht in der Grundschule noch gut an die Erzählung, wie Gott die Israeliten aus der Sklaverei in Ägypten herausführt und ihnen am Sinai die Zehn Gebote gibt. Gleich im ersten Gebot heißt es:

》 *Du sollst dir kein Gottesbild machen und keine Darstellung von irgendetwas am Himmel droben, auf der Erde unten oder im Wasser unter der Erde.* 《 *Ex 20,4*

Die Religionslehrerin kennt noch eine Geschichte dazu. Mose, der die Israeliten durch die Wüste führt, bittet Gott darum, ihn sehen zu dürfen. Da sagt Gott zu Mose:

》 *Du kannst mein Angesicht nicht schauen; denn kein Mensch kann mich schauen und am Leben bleiben. Dann sprach der Herr: Stell dich da auf den Felsen! Wenn meine Herrlichkeit vorüberzieht, stelle ich dich in den Felsspalt und halte meine Hand über dich, bis ich vorüber bin. Dann ziehe ich meine Hand zurück und du wirst meinen Rücken sehen. Mein Angesicht kann niemand schauen.* 《 *Ex 33,20–23*

Dominik ist noch nicht zufrieden: „In unserer Kirche gibt es aber Bilder von Gott. Und irgendwie muss ich mir Gott doch vorstellen, oder?"

---

1 Wie ist das Gebot „Du sollst dir kein Gottesbild machen" zu verstehen?
   ▪ Formuliert die Antworten, die das Gedicht darauf gibt.
   ▪ Schlagt nach, wie die neue ▸ Einheitsübersetzung die Bibelstelle Ex 20,4 übersetzt. Was trägt das zur Beantwortung der Frage bei?
2 Das Gedicht spricht von Vor- und Nachteilen von Gottesbildern. Arbeitet diese heraus (z. B. in Form einer Tabelle) und findet eigene Beispiele dafür!

Gottesbilder

Wie ist das nun mit den Bildern
Gott
Du sollst dir kein Gottesbild machen
heißt es in der Bibel
und doch
ist sie voll davon
du König
    Herrscher
    Gewaltiger
es geht ja wohl nicht anders
wir Menschen dein Abbild
können dich nicht fassen
wenn nicht du
in unseren Bildern
dich mitteilst

Vielleicht aber
lehrt uns die Geschichte
des Missbrauchs deiner Bilder
von Menschen gemacht
von Menschen genutzt
zu eigenem Vorteil
auf Kosten der anderen
wie wir es halten sollen
mit den Bildern
ohne dich darin einzusperren:

Du sollst kein Bild
als Gott anbeten!
Du sollst kein Gottesbild
für alle verpflichtend machen!
Du sollst jedes Bild
durch andere ergänzen!
Du sollst mit Bildern
Menschen nicht festlegen!

Dann wirst du kein Gottesbild
benutzen
um Herrschaft auszuüben.
Dagmar Bröker

So geht's
Symbole für Gott erschließen

Gott ist immer anders und größer als alle menschlichen Vorstellungen. Deshalb kann man ihn nicht in einem einzigen Bild darstellen und fassen. Hier können Symbole helfen: Symbole stellen nicht nur das dar, was sie auf den ersten Blick zu sein scheinen. Sie weisen über sich hinaus. Sie „verdichten" etwas Wichtiges. In Glaube und Religion haben Symbole eine große Bedeutung, weil sie auf die nicht direkt sichtbare Wirklichkeit Gottes hinweisen und Wesentliches über ihn aussagen können.

Erschließt das Symbol. Folgende Schritte helfen euch dabei:

1 Schaut das Bild genau an.
- Achtet auf Farben und Formen und ihr Zusammenspiel.
- Sucht und beschreibt die einzelnen Motive bzw. Bestandteile, mit denen das Bild gestaltet ist.
- Diskutiert, warum das Bild so und nicht anders gestaltet ist. Überlegt auch, welche anderen Möglichkeiten es gegeben hätte.

2 Lasst die einzelnen Symbole auf euch wirken.
Das ▶ Fresko enthält mehrere Symbole, z. B. eine Hand, die Kreisform oder die Bedeutung der Farben.
- Beschreibe die Gefühle und Gedanken, die in dir aufsteigen, wenn du dir z. B. die Hand anschaust.
- Deine Eindrücke sind auch davon abhängig, wo sich das Bild befindet. Stelle das Bild einmal eine Weile lang als „Wandgemälde" vor dich und halte es dann als „Deckengemälde" über dich.
- Tauscht euch über eure Eindrücke und die unterschiedliche Wirkung aus.
- Betrachte die Kreise mit ihren unterschiedlichen Farben und gehe noch einmal genauso vor.

▲ *Fresko im Chorraum einer spanischen Kirche, 12. Jahrhundert*

3 Informiert euch über die Bedeutung von Symbolen.
- Manche Symbole werden schon seit langer Zeit immer wieder verwendet. Dazu gehört die Form des Kreises, mit der verschiedene Bedeutungen verbunden sind. Hinweise dazu findest du auf ▶ S. 138 unter dem Stichwort ▶ Symbol.
- Informiert euch dort über die symbolische Bedeutung der *Kreisform*, von *Licht* und *Hand*. Vergleicht diese Informationen mit euren eigenen Vorstellungen und Gefühlen.

4 Haltet eure Deutung des Bildes fest.
- Ihr habt nun die verschiedenen symbolischen Elemente des Deckengemäldes erschlossen. Tragt zum Schluss zusammen, was die Gestaltung des Freskos über Gott aussagen kann. Haltet es in einer schriftlichen Bildbetrachtung fest.

Baal – ein Gott der Kanaaniter

Schon vor langer Zeit haben sich die Menschen mit der Frage beschäftigt, wer Gott für sie ist. Sie hatten teilweise feste Vorstellungen und sehr konkrete Wünsche an ihre Gottheiten. Die folgende Geschichte erzählt von einem Beispiel aus dem Umfeld des Alten Testaments.

Elis ist ein hebräischer Junge, der um das Jahr 750 v. Chr. mit seiner Familie im Land ▸ Kanaan wohnt. Seine Sippe lebt von der Landwirtschaft. Eines Tages hört Elis zufällig ein Gespräch zwischen seinem Vater Gomer und seinem Onkel Elnatan mit an:
„Heute hat es wieder nicht geregnet. Es kann doch nicht noch länger so trocken bleiben! Unser Vieh findet kaum mehr einen Grashalm", stöhnt Gomer. Elis hört die Verzweiflung in der Stimme seines Vaters, die dieser sonst so gut vor ihm verbergen kann. Elnatan versucht, ihn zu beruhigen: „Ich glaube, dass es bald genug Wasser für unsere Tiere und für uns geben wird. Unser Gott Jahwe lässt uns nicht im Stich! Schließlich hat er die Welt geschaffen und uns dieses Land geschenkt …"
„Dein Vertrauen möchte ich haben", entgegnet der Vater. „Unsere Nachbarn jedenfalls haben dem Baal auch schon Brandopfer dargebracht. Der gilt bei den Stämmen der Kanaaniter als Fruchtbarkeitsgott. Sie haben wenigstens eine Statue, vor der sie opfern können. Was haben wir von unserem Gott?"
„Ich weiß, ich habe auch schon eine imposante Statue von ihm gesehen. Gut sieht er aus, jung und erfolgreich. Aber ich vertraue auf unseren Gott. Er hat uns aus Ägypten gerettet und er wird uns auch diesmal retten!"
Elis weiß Bescheid: Die Geschichte von der Rettung seines Volkes Israel aus der Sklaverei in Ägypten wird immer wieder erzählt und gefeiert. Gespannt hört er weiter zu. Von Baal hat er zwar schon öfter gehört – auch eine Bronzefigur von ihm hat er schon

▲ *Baal als Blitzschleuderer, 13. Jahrhundert v. Chr.*

einmal gesehen, als er seinen Vater auf einer Handelsreise begleitet hat –, aber eigentlich weiß er nicht, was es mit diesem Gott auf sich hat. Sein Vater und sein Onkel sprechen nun von anderen Dingen, aber Elis nimmt sich fest vor, sie nach diesem Baal zu fragen, sobald sich eine Gelegenheit ergibt …

Ein Gott für das Wetter

Baal – das bedeutet übersetzt einfach „Herr" – wurde im Lauf der Zeit zu einem der meistverehrten Götter in Kanaan. Dichtungen und Legenden erzählen von seinem Palast auf dem Berg Zafon. Dies zeigt, für wie mächtig die Kanaaniter Baal hielten. Er wurde vor allem als machtvoller Wettergott verehrt, der das fruchtbare Land vor Überschwemmungen oder Dürre schützte. Seine Anhänger versuchten, Baal mit Tieropfern, dem Duft von Rauchopfern oder rituellen Tänzen milde zu stimmen. Sie hofften, so die Witterung beeinflussen zu können. Um Baal zu verehren, schufen sie Statuen ihres Gottes: Diese zeigen Baal als jungen Mann, der seinen rechten Arm in Siegerpose erhebt. Oft wird Baal auch als Stier dargestellt. Denn der Stier steht für Stärke, Macht und Fruchtbarkeit. Diese Götterstatuen, von denen manche bis heute erhalten sind, sind auch ein Zeichen dafür, wie groß das Bedürfnis der Menschen danach war, sich tatsächlich ein „Abbild" ihres Gottes herzustellen, um dann auch sichtbar „seine Nähe" zu suchen.

>> [9] *Nichtig sind alle,*
die ein Götterbild formen,
ihre geliebten Götzen nützen nichts.
Und ihre Zeugen, sie sehen nichts
und verstehen nichts; darum werden sie beschämt.
[10] *Wer sich einen Gott macht*
und sich ein Götterbild gießt,
hat keinen Nutzen davon.
[20] *Er wird sein Leben nicht retten*
und wird nicht sagen:
Ich halte ja nur ein Trugbild in meiner rechten Hand. <<   *Jes 44, 9–10.20b*

▲ *Baal als Stier, vergoldete Figur aus Bronze, 19./18. Jahrhundert v. Chr.*

1 Informiert euch mithilfe der Texte und Bilder auf dieser Seite über den Gott Baal und notiert Wichtiges in Stichworten. Schlagt auch unter ▶ Naturreligionen nach.

2 Elis möchte wissen, was es mit diesem Baal auf sich hat. Spielt ein Gespräch, wie es Elis mit seinem Vater über Baal führen könnte. Bringt dabei euer neu erworbenes Wissen über Baal mit ein.

3 Mit dem Glauben an Jahwe und an Baal stehen sich zwei verschiedene Gottesvorstellungen gegenüber. Diskutiert, warum Baal damals für viele Menschen der attraktivere Gott war. Bezieht folgende Überlegungen mit ein: Was wünschen und erhoffen sich die Menschen von ihm? Wie glauben sie, Baal dazu zu bewegen, in ihrem Sinne zu handeln?

4 Arbeitet heraus, wie der ▶ Prophet Jesaja im Zitat oben diese Art der Götterverehrung bewertet. Formuliert seine Antwort in eigenen Worten.

5 Prüft, ob diese Göttervorstellung auch heute noch für manche anziehend erscheint. Ihr könnt dazu z. B. den Baalskult mit den Gottesbildern auf ▶ S. 58/59 oder mit euren eigenen Vorstellungen von Gott vergleichen.

Jahwe oder Baal? Hosea bezieht Position

Im Stamm Efraim , der mit anderen Stämmen zusammen das Nordreich ▸ Israel bildet, lebt um 750 v. Chr. ein ▸ Prophet namens Hosea. Nach ihm ist ein eigenes Buch im Alten Testament benannt. Hosea spricht im Namen Gottes zu seinem Volk. Er versucht es wachzurütteln und an den ▸ Bund Gottes mit seinem Volk zu erinnern.

Eigentlich geht es den Menschen im Nordreich Israel unter König Jerobeam gut. Es herrschen Frieden und Wohlstand. Die Menschen treiben Handel mit den Nachbarvölkern. Doch sie tauschen nicht nur Waren aus. Ihre Kultur, also ihre Gewohnheiten, ihre Sprache und ihre religiösen Ansichten werden dadurch beein-

flusst. Sie lernen auch die Gottheiten der Kanaaniter kennen. Die Stierfiguren und Bronzestatuen des Gottes Baal und manche andere Gottheit gefallen ihnen. Der Glaube an diese Götter scheint sich zu bewähren. (▸ S. 62/63). Deshalb stellen sie selbst solche Figuren auf und verehren sie. So treten andere Gottheiten neben ▸ Jahwe und manchmal sogar an seine Stelle. Nach Jerobeams Tod folgen verschiedene Könige. Sie gehen wechselnde Bündnisse mit den Großmächten Ägypten und Assyrien ein. Der Friede ist immer wieder in Gefahr. Die Bibel erzählt, wie Hosea da im Namen Gottes zu seinem Volk spricht: Er vergleicht sein Volk Israel mit einem jungen Mann und erinnert es an die Befreiung aus Ägypten.

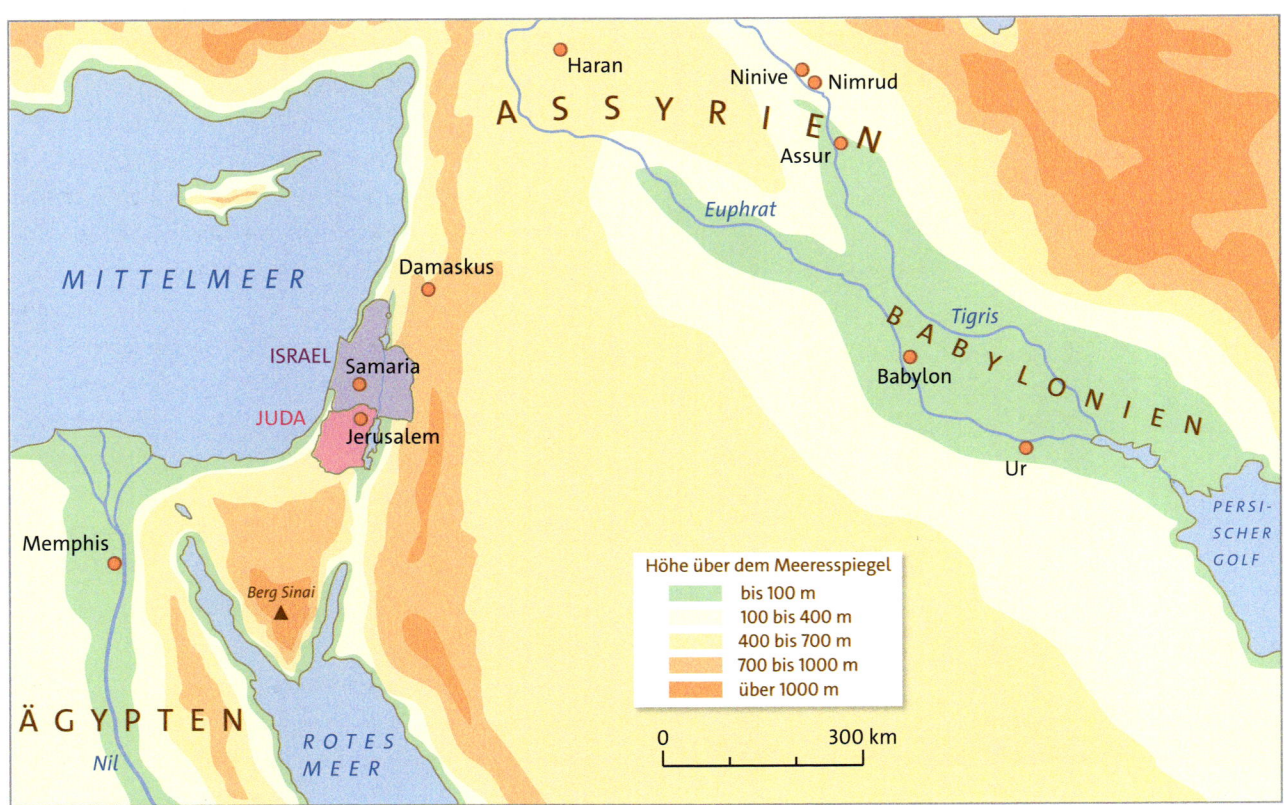

▲ Das Nordreich Israel und das Südreich Juda (um 750 v. Chr.) und die benachbarten Großmächte

» *Als Israel jung war, gewann ich ihn lieb, ich rief meinen Sohn aus Ägypten.*
ABER: Je mehr ich die Israeliten rief, desto mehr liefen sie von mir weg:
Dem Baal brachten sie Schlachtopfer, den Götterbildern Räucheropfern.
OBWOHL: Ich war es, der Efraim gehen lehrte, der die Efraimiter auf
meine Arme nahm. Mit menschlichen Fesseln zog ich sie, mit Banden
der Liebe. Und ich war für sie wie die, die den Säugling an ihre Wangen
heben. Ich neigte mich ihm zu und gab ihm zu essen.
TROTZDEM: Efraim muss zwar nicht (als Strafe) nach Ägypten zurück-
kehren, doch Assur wird sein König sein; denn sie haben sich geweigert
umzukehren. Sie rufen zu Baal, dem Hohen, doch der hilft ihnen nicht hoch.
JEDOCH: Wie könnte ich dich ausliefern, Israel? Gegen mich selbst wendet
sich mein Herz, heftig entbrannte mein Mitleid. Ich will meinen glühenden
Zorn nicht vollstrecken.
DENN: Ich bin Gott, nicht ein Mensch, der Heilige in deiner Mitte. Darum
komme ich nicht in der Hitze des Zorns. Hinter Jahwe, dem Herrn, werden
die Israeliten wieder hergehen. Er brüllt wie ein Löwe, ja er brüllt und es
kommen die Söhne vom Meer zitternd herbei. Wie ein Vogel kommen sie
zitternd herbei aus Ägypten, wie Tauben aus dem Land Assur. Ich lasse sie
wieder in ihren Häusern wohnen – Spruch des Herrn. «   *nach Hos 11,1–11*

Duccio di Buoninsegna, 1308–1311 ▶

---

1 Der Name Efraim in der Rede des Propheten Hosea steht für den Stamm Efraim. Schlagt im ▶ Anhang der Bibel nach, wo das Gebiet des Stammes Efraim liegt. Verortet das Gebiet auf der Karte links.

2 In den Äußerungen Hoseas kommen verschiedene Sprachbilder vor, mit denen sich Jahwe selbst beschreibt.
- Malt Bilder dazu und schreibt auf, welche Eigenschaften und Gefühle ihr mit ihnen verbindet.
- Deutet die ▶ Sprachbilder und erklärt, warum Hosea sie verwendet hat.
- Sprechen euch diese Sprachbilder für Gott an? Begründet.

3 Hosea spricht auch über Baal. Arbeitet heraus, was er von Baal hält, und gestaltet ein Flugblatt, mit dem er gegen die Verehrung Baals protestieren könnte.

4 Immer wieder verspricht Gott seinem Volk, bei ihm zu sein und ihm zu helfen. Nennt Beispiele, wann Gott mit den Menschen einen Bund geschlossen hat.

5 Auf dem Bild hält Hosea eine Schriftrolle in der Hand, auf der ein Teil des ersten Satzes in lateinischer Sprache steht: „Ich rief meinen Sohn aus Ägypten."
- Findet heraus, worauf der erste Satz anspielt. Warum steht ausgerechnet dieser Satz auf der Schriftrolle?
- Wählt selbst einen wichtigen Satz aus dem Hosea-Text aus, den ihr auf die Schriftrolle schreiben würdet. Begründet eure Wahl.

Tipp zu Aufgabe 3: Ein Flugblatt will mit einer reißerischen Überschrift, einem kurzen Text und einem passenden Bild Aufmerksamkeit wecken, um möglichst viele Leserinnen und Leser zu erreichen.

Tipp zu Aufgabe 4: Passende Bibelstellen findet ihr z. B. auf ▶ S. 21 und 68.

Tipp zu Aufgabe 5: Lest dazu auch, was in ▶ Mt 2,13–15 steht.

Die Götter des Olymp

Ähnlich wie das Alte Testament erzählt auch das Neue Testament, wie der Glaube an den einen Gott auf Menschen trifft, die andere Götter verehren: In den ersten Jahrzehnten und Jahrhunderten nach Christus verbreitete sich der neue christliche Glaube, ausgehend von ▶ Jerusalem und ▶ Judäa, in den umliegenden Ländern.

Die Götterwelt Griechenlands

Aus alten Erzählungen, aus Überresten von Bauwerken und anderen Quellen wissen wir, dass in Griechenland vor ca. 3000 Jahren eine Vielzahl an Göttern und Halbgöttern verehrt wurde. Diese verbinden menschliche Eigenschaften und Verhaltensweisen mit übermenschlichen Fähigkeiten und können verschiedene Gestalt, z. B. die eines Menschen oder eines Tieres, annehmen. Die einzelnen Götter hatten unterschiedliche „Zuständigkeitsbereiche". Zu Ehren jeder Gottheit bauten die Menschen eigene ▶ Tempel oder wiesen ihnen heilige Orte zu, wo sie ihnen Tiere, Früchte oder auch wohlriechende Stoffe wie Weihrauch opferten. Zu jeder Gottheit gehörten auch bestimmte Feier- und Festtage. Durch die Verehrung der Göttinnen und Götter hofften die Menschen, ihr Schicksal positiv zu beeinflussen, etwa in dem Sinne: „Ich gebe dir etwas, damit du mir auch etwas gibst."

▲ Ruine des Zeustempels in Athen mit Akropolis im Hintergrund

Der Göttervater Zeus

Zeus galt den Griechen als oberste Gottheit und Herr über die Götterversammlung. Uralten Erzählungen nach wohnte er auf dem Olymp, dem höchsten Gebirge Griechenlands. Über Zeus gibt es viele Geschichten und Legenden. Die Erinnerung an eine davon hält die griechische Zwei-Euro-Münze wach. Sie zeigt Zeus, der in der Gestalt eines Stiers die schöne Europa entführt.

❯❯ *Einst hatte ein asiatischer König eine wunderschöne Tochter namens Europa. Als Zeus von ihrer Schönheit und Liebenswürdigkeit hörte, verliebte er sich bis über beide Ohren in sie. Währenddessen hatte Europa einen Traum: Zeus befahl ihr, ihre Heimat zu verlassen und in das „Land gegenüber" zu ziehen. Inzwischen hatte Zeus angestrengt nachgedacht, wie er Europa kennenlernen könnte, und schließlich hatte er eine Idee: Er verwandelte sich in einen Stier und machte sich auf den Weg nach Asien. So trafen sich Europa und der Stier am nächsten Morgen. Zeus war der schönste Stier, den die Welt je gesehen hatte, und Europa bewunderte ihn sehr. Sie setzte sich auf seinen Rücken und sagte lachend: „Das wissen die Götter, wo du mich nun hinbringen wirst, mein schöner Stier." Zeus stürzte sich in die Wellen des Meeres. Auf der Reise in sein Land erzählte er Europa, wer er in Wirklichkeit war. Als sie endlich angekommen waren, fragte Europa nach dem Namen des Landes. Stolz sagte Zeus, inzwischen wieder in Menschengestalt: „Das ist die Insel Kreta, und ich bin König dieses Landes. Der Erdteil, der dich nun aufgenommen hat, soll für alle Zeiten deinen Namen tragen: Europa." ❮❮*

Nach einer griechischen Göttersage

Paulus in Athen

Das Neue Testament berichtet von Paulus, der begeistert von seinem Glauben an Jesus Christus durch viele Länder reiste. In der Apostelgeschichte wird Folgendes erzählt: Als Paulus in Athen ist, der mächtigsten Stadt Griechenlands, sieht er entsetzt die vielen Tempel und Götterbilder. Er versucht nun, die Menschen für seinen Gott zu interessieren. Dazu spricht er mit allen, die ihm begegnen, und hält auf dem Areopag, einem Felsenhügel in Athen, eine Rede:

» *²² Männer von Athen, nach allem, was ich sehe, seid ihr sehr fromm. ²³ Denn als ich umherging und mir eure Heiligtümer ansah, fand ich auch einen Altar mit der Aufschrift: EINEM UNBEKANNTEN GOTT. Was ihr verehrt, ohne es zu kennen, das verkünde ich euch. ²⁴ Der Gott, der die Welt erschaffen hat und alles in ihr, er, der Herr über Himmel und Erde, wohnt nicht in Tempeln, die von Menschenhand gemacht sind. ²⁵ Er lässt sich auch nicht von Menschenhänden dienen, als ob er etwas brauche, er, der allen das Leben, den Atem und alles gibt. ²⁶ Er hat aus einem einzigen Menschen das ganze Menschengeschlecht erschaffen, damit es die ganze Erde bewohne. Er hat für sie bestimmte Zeiten und die Grenzen ihrer Wohnsitze festgesetzt. ²⁷ Sie sollten Gott suchen, ob sie ihn ertasten und finden könnten; denn keinem von uns ist er fern. ²⁸ Denn in ihm leben wir, bewegen wir uns und sind wir; wie auch einige von euren Dichtern gesagt haben: Wir sind von seinem Geschlecht. ²⁹ Da wir also von Gottes Geschlecht sind, dürfen wir nicht meinen, das Göttliche sei wie ein goldenes oder silbernes oder steinernes Gebilde menschlicher Kunst und Erfindung.* **«** *Apg 17,22–29*

▲ *Die wichtigsten Götter, die auf dem Olymp wohnen – hier in alphabetischer Reihenfolge:* **Aphrodite**, *Göttin der Liebe und der Schönheit;* **Apollon**, *Gott der Poesie, des Lichtes und der Sonne;* **Ares**, *Gott des Krieges;* **Artemis**, *Göttin der Jagd und des Mondes;* **Athene**, *Göttin der Weisheit;* **Demeter**, *zuständig für die Fruchtbarkeit der Erde;* **Dionysos**, *Gott des Weines;* **Hephaistos**, *Gott der Vulkane, des Feuers und der Schmiedekunst;* **Hera**, *Gattin des Zeus, als „Ehegöttin" zuständig für Hochzeit, Mutterschaft und Geburt;* **Hermes**, *der Götterbote, zuständig für den Handel und die Reisenden;* **Poseidon**, *der Gott des Meeres, der Erdbeben und der Pferde;* **Zeus**, *oberster Gott, Herrscher über Himmel, Blitz und Donner*

1 Erstellt einen ► Steckbrief von Zeus.
  - Entscheidet vorher gemeinsam, welche Merkmale euer Steckbrief enthalten soll.
  - Begründet, welche seiner Eigenschaften euch sympathisch erscheinen und welche nicht.

2 Ordnet die Götternamen den Abbildungen zu. Sucht auch nach weiteren Abbildungen und Erklärungen zu den Gottheiten der alten Griechen und gestaltet einen „Götterhimmel".

3 Die Vorstellung „Ich gebe dir etwas, damit du mir etwas gibst" ist bis heute verbreitet.
  - Paulus stellt dem ein anderes Gottesbild gegenüber. Sammelt und ordnet wichtige Elemente seiner Vorstellung von Gott in einer ► Mindmap.
  - Viele Menschen gehen in eine Kirche und zünden eine Kerze an, wenn sie Gott um etwas bitten wollen. Widerspricht das dem, was Paulus über Gott gesagt hat? Führt dazu ein ► Schreibgespräch.

Profi-Tipp: Die Kinderbuchreihe „Percy Jackson" von Rick Riordan spielt mit der griechischen Mythologie und ihren Göttern. Wer eines der Bücher kennt, kann es der Gruppe vorstellen und die Rolle der Gottheiten darin herausarbeiten.

Gottesbilder der Bibel

Christinnen und Christen finden in der Bibel Antworten auf die Frage, wie Gott ist. Viele Geschichten erzählen von Gott und den Erfahrungen, die Menschen mit ihm gemacht haben: Gott wendet sich den Menschen auf verschiedene Weise zu und geht mit ihnen eine Beziehung ein. Die folgenden Bibelstellen zeigen, wie die Menschen Gott erlebt haben, welche Namen sie ihm gegeben haben und welche Sprachbilder sie für ihn benutzt haben.

>> *Gott erschuf also den Menschen als sein Bild, als Bild Gottes erschuf er ihn. Männlich und weiblich erschuf er sie.* << Gen 1,27

>> *Dann sprach Gott zu Noach und seinen Söhnen, die bei ihm waren: Ich bin es; siehe, ich richte meinen* ▸ Bund *auf mit euch und mit euren Nachkommen nach euch und mit allen Lebewesen bei euch (…); nie wieder soll eine Flut kommen und die Erde verderben. (…) Meinen Bogen setze ich in die Wolken; er soll das Zeichen des Bundes sein zwischen mir und der Erde.* <<
Gen 9,8–13

>> *Der Herr sprach: Ich habe das Elend meines Volkes in Ägypten gesehen und ihre laute Klage über ihre Antreiber habe ich gehört. Ich kenne sein Leid. Ich bin herabgestiegen, um es der Hand der Ägypter zu entreißen und aus jenem Land hinaufzuführen in ein schönes, weites Land, in ein Land, in dem Milch und Honig fließen.* << Ex 3,7–8

>> *Ich bin, der ich bin.* << Ex 3,14

>> *Hört, hört das Toben seiner Stimme, welch ein Grollen seinem Mund entfährt! Hinter ihm brüllt der Donner drein, er dröhnt mit erhabener Stimme.* <<
Ijob 37,2.4

>> *Seh ich deinen Himmel, die Werke deiner Finger, Mond und Sterne, die du befestigt: Was ist der Mensch, dass du seiner gedenkst, des Menschen Kind, dass du dich seiner annimmst? Du hast ihn nur wenig geringer gemacht als Gott, hast ihn gekrönt mit Pracht und Herrlichkeit* << Ps 8,4–6

>> *Wie einen Mann, den seine Mutter tröstet, so tröste ich euch.* << Jes 66,13

>> *So sollt ihr beten: Unser Vater im Himmel, geheiligt werde dein Name.* << Mt 6,9

>> *Der Zorn Gottes wird vom Himmel herab offenbart wider alle Gottlosigkeit und Ungerechtigkeit der Menschen, die die Wahrheit durch Ungerechtigkeit niederhalten.* << Röm 1,18

>> *Gott ist Liebe, und wer in der Liebe bleibt, bleibt in Gott und Gott bleibt in ihm.* << 1 Joh 4,16b

---

1 Notiert in Stichworten, was ihr in jeder Bibelstelle über Gott und seine Beziehung zu den Menschen erfahrt.
- Gestaltet dazu in Kleingruppen ein ▸ Plakat, auf dem ihr eure Ergebnisse zusammenfasst.
- Diskutiert, welche der erarbeiteten Eigenschaften Gott besonders kennzeichnen und wie die unterschiedlichen Bilder von Gott zusammenpassen.
- Ergänzt als Überschrift oder Zusammenfassung für euer Plakat folgenden Satz: „Gott ist einer, der…".

2 Findet Geschichten, Lieder oder Beispiele, die zum Zitat „Gott ist Liebe" passen. Wähle eines von euren Fundstücken aus und gestalte dazu eine Heftseite.

3 Erklärt, warum Menschen ihre Erfahrungen mit Gott in verschiedenen Bildern zum Ausdruck gebracht haben. Bezieht dabei mit ein, was ihr über die Entstehung der Bibel wisst (▸ S. 12/13).

Siebenarmiger Leuchter im St. Kiliansdom Würzburg ▶

Juden, Christen und die Bibel

Der Glaube an Gott, der sich in den Bibelstellen auf der linken Seite ausdrückt, hat sich im Verlauf von Jahrhunderten und sogar Jahrtausenden entwickelt. Sichtbar wird das auch an der langen Entstehungszeit der Bibel (▶ S. 12/13), die mit ihren Geschichten und Gebeten ein Zeugnis für den Glauben an Gott ist.

Die Bücher des Alten Testaments gehören nicht nur zur Bibel, der heiligen Schrift der Christen. Die meisten von ihnen bilden auch die ▶ Tora , die heilige Schrift der Juden.

Juden und Christen haben also viele heilige Schriften gemeinsam. Dasselbe gilt auch für die Gottesbilder der beiden Weltreligionen. Jesus, von dem im Neuen Testament berichtet wird, war selbst Jude. Wenn er von Gott erzählt, drückt sich darin auch der jüdische Gottesglaube aus.

Dennoch sind der Glaube der Juden und der Christen nicht identisch. Papst Johannes Paul II. formulierte das in einer Rede vor der jüdischen Gemeinde in Rom so:

>> *Ihr seid unsere bevorzugten Brüder, und, so könnte man gewissermaßen sagen, unsere älteren Brüder.* <<
Johannes Paul II.

4 Im Text links geht es um die heiligen Schriften und Gottesbilder von Juden und Christen. Beschreibt deren Zusammenhang schriftlich oder in einer kleinen Grafik.

5 Der siebenarmige Leuchter, Menora genannt, ist ein wichtiges ▶ Symbol im Judentum. Erklärt: Was kann es bedeuten, dass ein siebenarmiger Leuchter am Eingang des Würzburger ▶ Dom steht?

6 Betrachtet noch einmal eure Plakate zu den Gottesvorstellungen (Aufgabe 1). Überprüft: Welche Vorstellungen von Gott haben Juden und Christen gemeinsam? Der Text links gibt euch zwei Kriterien an die Hand, um dies herauszufinden.

7 Erläutert den Satz von Papst Johannes Paul II.

8 Vergleicht das christliche Gottesbild mit den Gottesvorstellungen der Kanaaniter und der Griechen (▶ S. 62 f. und 66 f.). Arbeitet heraus, warum es nicht nötig ist, Gott durch Opfer und Rituale gnädig zu stimmen.

Der eine christliche Gott: Vater, Sohn und Heiliger Geist

Die Erfahrung, dass Jesus von den Toten auferstanden ist, war für seine Jünger ein einschneidendes Ereignis. Das war für sie die Bestätigung: Gott selbst steht hinter der frohen Botschaft, die Jesus verkündet hat. Jesus ist der Sohn Gottes.

» *Darum geht und macht alle Völker zu meinen Jüngern; tauft sie auf den Namen des Vaters und Sohnes und des Heiligen Geistes und lehrt sie, alles zu befolgen, was ich euch geboten habe. Und siehe, ich bin mit euch alle Tage bis zum Ende der Welt.* «
Mt 28,19–20

Diese Bibelstelle zeigt, dass die Gebetsformel „Im Namen des Vaters, des Sohnes und des Heiligen Geistes" schon für die ersten Christen sehr wichtig geworden war. Wie wesentlich der Glaube an den ▶ dreifaltigen Gott als Vater, Sohn und Heiliger Geist für den christlichen Glauben ist, drückt sich im Glaubensbekenntnis, dem ▶ Credo aus, mit dem Christen im Gottesdienst oder bei der Taufe ihren Glauben an Gott bekennen. Dieser Text ist in drei Abschnitte gegliedert und fasst den christlichen Glauben in einigen wenigen Kernsätzen zusammen.

Text und Musik: Per Harling, 1985; dt. Text: Fritz Baltruweit, 1986

>> *Ich glaube an Gott, den Vater,* den *Allmächtigen,* den *Schöpfer des Himmels und der Erde,*
und an Jesus Christus, *seinen eingeborenen Sohn,*
unsern Herrn, …
Ich glaube an den Heiligen Geist, … **«**

Aus dem Credo (Apostolisches Glaubensbekenntnis)

Wie lässt sich die Rede von einem „dreifaltigen Gott" verstehen? Wie wirkt Gott in drei Personen? Zwei Beispiele, wie Theologen auf diese Frage geantwortet haben:

▲ *Fresko in der St.-Jakobus-Kirche in Urschalling/Chiemgau, 13. Jahrhundert*

>> *Christen glauben, dass in Jesus Gott selbst Mensch geworden ist. Jesus ist das beste Bild von Gott, den niemand sehen kann. Und er hat uns versprochen, dass der Heilige Geist uns Menschen beistehen und begleiten wird.* **«** *Rainer Oberthür*

>> *Gott, der unsichtbare Vater* **über uns,**
Jesus, der Sohn des Menschen, mit Gott **für uns,**
der Heilige Geist, aus Gottes Kraft und Liebe, **in uns.** **«**
Hans Küng

1 Erschließt das Bild gemeinsam: Betrachtet das ▶ Fresko genau. Achtet auch auf die Formen, die durch die Linienführung entstehen, und auf die Gesichter der drei Figuren. Was drückt dieses Bild über den dreifaltigen Gott aus?

2 Schlagt das Credo im Gotteslob unter Nr. 3,4 nach. Vielleicht könnt ihr es auch auswendig?

- Untersucht die Gottesvorstellung, die darin zum Ausdruck kommt. Haltet eure Ergebnisse auf einem ▶ Plakat fest.

- Beschreibt anhand der Plakate, wie sich die christliche Vorstellung von Gott nach der Auferstehung Jesu verändert und weiterentwickelt hat. Berücksichtigt dabei auch die Plakate, die ihr zu den biblischen Gottesbildern erstellt habt (▶ S. 68, Aufgabe 1).

3 Entwerft ein Bild oder ▶ Schaubild, das die Erklärungen der beiden Theologen zur Dreifaltigkeit verdeutlicht. Verwendet dazu Kreise, die ihr passend anordnet, oder entwickelt eigene Ideen.

4 Deutet zu zweit die ▶ Sprachbilder des Liedtextes.

- Ordnet die Sprachbilder begründet Vater, Sohn und Heiligen Geist zu:

  … bist die Fülle, wir ein Teil der Geschichte, die du webst
  … lebst mitten unter uns im Geist
  … kommst zu uns in Brot und Wein und schenkst uns deine Liebe ein.

- Formuliert eure Vorstellung von Vater, Sohn und Heiligem Geist in eigenen Worten und Sprachbildern.

Tipp zu Aufgabe 1: Auf ▶ S. 45 findet ihr weitere Hinweise zur Deutung eines Bildes.

Gott begegnen

Wer auf der Suche nach Gott ist, denkt darüber nach, ob es ihn gibt und wie er sein könnte. Dieses Fragen und Nachdenken über Gott ist nur eine Möglichkeit, sich Gott zu nähern. Etwas anderes – vielleicht noch Wichtigeres – ist es, Gott spüren und erfahren zu können. Für manche Menschen steht es außer Frage, dass sie Gott immer wieder begegnen; andere sind sich unsicher, ob es tatsächlich Gott ist, den sie da manchmal in ihrem Inneren erspüren.

Wie komme ich zu Gott?

Wie komme ich zu Gott?
In meinem Lexikon
jedenfalls
führt der Weg zu ihm
über Gotik
Gotland und die
Gotoinseln
Lothar Zenetti

▲ *Labyrinth in der Kathedrale von Chartres*

1 Deutet gemeinsam das Gedicht von Lothar Zenetti. Folgende Fragen können euch dabei helfen:
- Wie ist ein Lexikon aufgebaut? Warum nennt Zenetti die Stichworte „Gotik", „Gotland" und „Gotoinseln"?
- Welche Informationen sucht ihr normalerweise in einem Lexikon? Inwiefern unterscheidet sich die Suche nach Gott davon?

2 Betrachte das Bild genau. Es zeigt ein Labyrinth, das in den Boden der ▶ Kathedrale von Chartres eingelassen ist. Du kannst den Weg im Labyrinth mit dem Finger oder mit den Augen folgen. Beschreibe deine Erfahrung damit.

3 Zeichne selbst ein Labyrinth. Schreibe dazu, was es mit der Suche nach Gott zu tun hat.

Wie lässt sich Gott erfahren?

>> *Wenn ich traurig bin und meine Mama mich ganz fest in die Arme nimmt. Dann spüre ich Trost und habe das Gefühl, dass auch Gott bei mir ist und mir neue Kraft gibt.* << Mia

>> *Wenn ich im Sommer in den Alpen auf einen Gipfel steige, dann eröffnet sich oben auf einmal ein gewaltiges Bergpanorama. Ich fühle mich ganz klein, weil da so wenig Menschen sind und nur eine Flut von Felsen und Gipfeln um mich herum. Mir erscheint die Natur dann so eindrucksvoll, dass ich immer an Gott denken muss, der all das erschaffen hat, und ich spüre richtig in mir drin, dass er da ist.* << Markus

>> *Als ich einmal eine schwierige Entscheidung treffen musste, habe ich ganz viel hin und her überlegt. Weil ich nicht weiterkam, habe ich auch Gott gefragt, bin in die Kirche gegangen und habe zu ihm gesprochen. Leider hat er mir nicht geantwortet, und ich war ziemlich enttäuscht. Aber irgendwann habe ich mich einfach entschieden, und später hat sich gezeigt, dass mein Entschluss genau richtig war. Gott war auf jeden Fall bei mir, da bin ich mir im Nachhinein sicher – auch wenn er sich nicht so direkt gezeigt hat.* << Michael

>> *Ich bete oft abends im Bett. Dann erzähle ich Gott alles, was mich am Tag bewegt hat. Ich habe das Gefühl, er hört mir wirklich zu.* << Theresa

>> *Ich weiß nicht, wovon die anderen da immer reden. Von Gott hab ich bisher nichts gemerkt.* << Jonas

>> *Für mich ist Gott vor allem ein Gefühl. Ich spüre es manchmal in der Kirche, wenn wir zusammen ein schönes Lied singen, z. B. Stille Nacht an Weihnachten – nur bei Kerzen und Weihnachtslichtern. Dann kriege ich Gänsehaut. Ich weiß nicht: Ist das dann Gott, den ich spüre?* << Meike

Text: Mt 18,20; Musik: Jesus-Bruderschaft Gnadenthal, 1972

1 Baut zu jedem Zitat und auch zum Lied ein ▶ Standbild.

2 Sucht nach Voraussetzungen für eine Gotteserfahrung: Was sagen die Zitate über eine entsprechende „innere Haltung" aus? Tauscht euch darüber aus und denkt dabei auch an Geschichten aus der Bibel, z. B. die Geschichte von Elija (nachzulesen in ▶ 1 Kön 19).

3 Nehmt das Lied zum Ausgangspunkt und bereitet gemeinsam eine kleine „Gottesfeier" oder einen ▶ Gottesdienst vor. Dabei könnt ihr auf euer Wissen aus anderen Kapiteln zurückgreifen: Sucht eine biblische Geschichte aus und schreibt ein passendes Gebet dazu. Gestaltet den Raum für die Feier ansprechend. Im Liedtext steckt die Zusage, dass Gott in einer solchen religiösen Feier bei euch ist – wie in jedem Gottesdienst.

4 Gab es in deinem Leben Situationen, in denen du Gott spüren wolltest oder spüren konntest? Schreibe solche Situationen auf.

Tipp zu Aufgabe 3: Eine „Gebetswerkstatt" findet ihr auf ▶ S. 95.

Unterwegs zu Gott

Die Nähe Gottes spüren: Das ist das Ziel vieler Gläubiger, die sich zu religiösen Stätten aufmachen. Eine solche Pilgerreise nennt man auch ▸ Wallfahrt.

>> *Tropfnass standen die beiden in der St.-Jakobs-Kirche in Bamberg. Eine Frau, ein Junge – bepackt mit großen Rucksäcken, alles eingehüllt in Plastiküberzüge, um den Regen abzuhalten. Eine Muschel baumelte an einer Schnur vor der Brust der Frau.*
„Seid ihr auch Pilger?", fragte uns der triefende, aber gut gelaunte Jugendliche. „Wir sind schon seit einer Woche auf dem Jakobsweg unterwegs."
Ich schüttelte den Kopf, denn wir besuchten die Stadt nur als Touristen. Aber ich fragte mich, was jemanden dazu bringt, trotz des schlechten Wetters solch eine Wanderung auf sich zu nehmen. << Nadja Fischer

▲ *Jakobsstatue am Beginn des Ostbayerischen Jakobswegs in Eschlkam*

Heute gehört ▸ Jerusalem zu den bedeutendsten Wallfahrtsorten der Welt. Daneben entwickelte sich Rom mit den Gräbern der Apostel Petrus und Paulus zu einem wichtigen Ziel. Seit dem 9. Jahrhundert pilgern die Menschen ins spanische Santiago de Compostela, wo sich das Grab des Apostels Jakobus befinden soll. Außerdem besuchen viele Christinnen und Christen Orte, die der Gottesmutter Maria geweiht sind. In den verschiedenen Bistümern gibt es jeweils eigene Wallfahrtsorte und Pilgerstätten. Die Gläubigen kommen an diese Orte, um dort in besonderer Weise Gott zu begegnen. Oft erhoffen sie sich von den Heiligen, die an diesen Erinnerungsorten verehrt werden, Fürsprache in besonderen Anliegen, z. B. Heilung von Krankheit oder Hilfe im Leben. Zu den Kennzeichen des Pilgerns zählt neben Stille und Gebet auch die Erfahrung von Gemeinschaft. Zusammen ist es leichter, den mühsamen Weg zu bewältigen. Für Pilgerinnen und Pilger ist eine Wallfahrt eine besondere Erfahrung, die den Glauben stärkt und Kraft für den Alltag gibt.

1 Sammelt die Fragen über Gott, die ihr auf dieser Doppelseite findet. Notiert auch eure eigenen Fragen.

2 Bildet dann Kleingruppen und sucht auf dieser Doppelseite nach Antworten. Besprecht Fragen, die ihr nicht beantworten könnt, mit der gesamten Lerngruppe.

3 Führt ein Projekt zum Thema „Wallfahrt und Pilgern" durch:
  - Sucht Wallfahrtsorte und -kirchen in eurer Umgebung bzw. in eurem Bistum. Erkundet diese Orte online oder bei einer Exkursion.
  - Sammelt außerdem Nachrichten, Erzählungen und Geschichten über Wallfahrten.
  - Vielleicht könnt ihr auch ein ▸ Interview mit jemandem führen, der selbst schon einmal pilgern war.
  - Organisiert mit den gesammelten Bildern und Texten eine Ausstellung.

Tipp zu Aufgabe 3: Wie ihr ein Gotteshaus erkunden könnt, erfahrt ihr auf S. 118/119.

Einer, der sich auf den Jakobsweg nach Santiago de Compostela begeben hat, ist der bekannte Entertainer Hape Kerkeling. Kurz vor dem Aufbruch schreibt er in sein Tagebuch:

Während ich hier in dem Bistro an meinem Milchkaffee nuckele, frage ich mich, was ich mir von dieser Pilgerschaft denn eigentlich verspreche oder erwarte. Ich könnte losziehen mit der Frage im Kopf: Gibt es Gott? Seit meiner frühesten Kindheit beschäftigt mich die Frage nach dem großen unbekannten Wesen. Als Kind hatte ich nie den leisesten Zweifel an der Existenz Gottes, aber als Erwachsener stelle ich mir heute durchaus die Frage: Gibt es Gott wirklich? Natürlich will jeder, mutmaße ich, Gott finden … oder zumindest wissen, ob er denn nun da ist … oder war … oder noch kommt … oder was? Vielleicht wäre die Frage besser: Wer ist Gott? Oder wo oder wie?

Später schreibt er:

Um Gott zu begegnen, muss man vorher eine Einladung an ihn aussprechen, denn ungebeten kommt er nicht. Auch eine Form von gutem Benehmen. Wir haben die freie Wahl. Zu jedem baut er eine individuelle Beziehung auf. Dazu ist nur jemand fähig, der wirklich liebt.

Auf dem Weg trifft Kerkeling Pilgerinnen aus Neuseeland und kommt mit ihnen ins Gespräch:

Evi räuspert sich und stellt beherzt eine Frage in die Runde: „Hat Gott eigentlich auf dem Weg mit euch gesprochen?"
Wir alle schauen uns prüfend an und es dauert, bis sich jemand zu einer Antwort durchringt. Sheelagh ist die Erste, die sich traut, und sagt knapp, aber überzeugend: „Sure he did!" Klar, hat er.
Jose sagt „Ja … hat er."
Ich zögere und sage: „Ich glaube … ja."
Evi strahlt uns an: „Ja, wenn er zu einem spricht, dann ist man zunächst so voller Freude … aber dann kommen die Zweifel. Bin ich verrückt, bilde ich mir

das ein, halte ich mich für was Besonderes? Aber dann, wenn man es weiter zulässt, geschehen unglaubliche Dinge! Wunder!"
Hier am Tisch fühle ich mich jetzt ein wenig unbehaglich und befinde mich definitiv in der „Werde ich gerade verrückt?"-Phase. Worüber reden wir hier eigentlich? Kann man ernsthaft behaupten, dass Gott mit einem spricht? Aber die Selbstverständlichkeit, mit der diese wundervollen, intelligenten Frauen hier über sich und Gott reden, ist nicht verrückt, sondern ansteckend und beeindruckend. Sheelagh scheint meine Skepsis und Unbehaglichkeit zu riechen: „Have trust. Vertraue dir und vertraue Gott, denn das ist das Einzige, was er von dir will. Dein Vertrauen!"

---

4 Sucht Bilder und Informationen über die Erinnerungsorte Santiago de Compostela, Jerusalem oder den Petersdom in Rom. Stellt diese Orte einander in einer ▶ Bildershow oder einer kurzen ▶ Präsentation vor.

5 Diskutiert anschließend über folgende Fragen:
- Warum zieht es die Menschen an diese Orte?
- Kann auch eine „virtuelle Reise" wie die Bildershow eine Reise zu Gott sein wie das echte Pilgern? Wodurch unterscheiden sie sich?

6 In Hape Kerkelings Tagebuch geht es immer wieder um die Frage, wie man Gott begegnen kann. Beschreibt die Möglichkeiten der Gottesbegegnung, die im Text angesprochen werden.

7 Auf dem Wegweiser zum Jakobsweg steht: „Zu Gott und sich selbst finden". Nehmt dazu ▶ Stellung, ob eine Pilgerreise eurer Meinung nach zu Gott führen kann.

Zeige, was du kannst

Aufgabe A: Rückblick auf das Kapitel

1 Überlege dir Antworten zu den nebenstehenden Fragen und schreibe dann einen zusammen-hängenden Text, der die verschiedenen Aspekte verbindet. Nimm dir genügend Zeit für die Bearbeitung.
2 Gehe noch einmal in Ruhe das Material im Buch und in deinen Unterlagen durch, mit dem ihr gearbeitet habt. Auch das Lexikon hinten im Buch kann dir helfen.

- Welche Themen kamen in diesem Kapitel zur Sprache? Betrachte noch einmal die Netzkarte auf ▸ S. 56/57.
- Was habe ich zu den jeweiligen Themen gelernt?
- Was davon hat mich überrascht oder bewegt? Was halte ich für wichtig?
- Wie habe ich gelernt? Welche Aufgaben sind mir leicht- bzw. schwergefallen?
- Was möchte ich aus diesem Kapitel „mitnehmen"?

Aufgabe B: Eine gute Nachricht

Schlage in der Bibel Lk 15,11–32 nach und lies das ▸ Gleichnis, das Jesus dort erzählt.

1 Lies das Gleichnis als „Geschichte von Gott". Sammle Adjektive, mit denen du den „Vater" dieser Geschichte charakterisieren kannst.
2 Dieses Gleichnis wird manchmal auch „Evangelium (also: „gute Nachricht") im Evangelium" genannt, weil sich dich darin die Botschaft der Evangelien in verdichteter Form ausdrückt. Wiederhole noch einmal, was du über biblische Gottesbilder gelernt hast, und prüfe dann, ob du dieser Einschätzung zustimmst. Halte deine Meinung in ein paar Sätzen fest und begründe sie.

Tipp: Mehr dazu, wie du ein Gleichnis verstehen kannst, findest du auf ▸ S. 24/25.

Aufgabe C: Symbole für Gott

1 Du hast in diesem Kapitel gelernt, religiöse ▸ Symbole zu erschließen. Suche in diesem Schulbuch oder in einer Kirche nach weiteren Symbolbildern von Gott und erschließe diese nach den Arbeitsschritten von ▸ S. 61.
2 Gestalte selbst ein Bild von Gott, das Gott in symbolischer Weise ausdrückt. Achte auch auf passende Farben und Formen.

Tipp für den Einstieg: „Denn Gott der Herr ist Sonne und Schild" (▸ Ps 84,12). Suche Bilder, die zu dem Symbol „Gott als Sonne" passen. Mithilfe der Arbeitsschritte kannst du sie deuten.
Profi-Tipp: „Das Auge Gottes" – unter diesem Stichwort kannst du ein neues Symbol entdecken und erforschen.

Aufgabe D: Ich glaube ...

Eine Wordcloud (englisch für „Wortwolke") löst einen Text in Begriffe auf und stellt Wörter umso größer dar, je häufiger sie vorkommen.

1 Finde heraus, welcher wichtige christliche Text die Grundlage dieser Wordcloud ist.

2 Stelle aus den abgebildeten Wörtern den Text richtig zusammen.

2 Gestalte selbst eine Wordcloud, in der zum Ausdruck kommt, wie du dir Gott nun am Ende dieses Kapitels vorstellst.

- Schreibe dafür einen kurzen Text, der mit den Worten „Ich glaube" beginnt.
- Gestalte mit diesen Wörtern eine Wordcloud. Berücksichtige dabei, welche Wörter häufiger vorkommen oder dir wichtig sind, und gestalte diese Wörter besonders auffällig. Bei dieser Arbeit kann dir auch ein Computerprogramm helfen, das du im Internet findest.

Tipp zu Aufgabe 1 und 2: Der Anfang des Textes ist in diesem Kapitel abgedruckt. Eine weitere Hilfe findest du im Gotteslob Nr. 3,4.

Aufgabe E: Gott und das Meer

Vom heiligen Augustinus wird folgende Legende erzählt: Eines Tages ging er am Meer spazieren und dachte über die Dreifaltigkeit Gottes nach. Da fiel ihm ein Kind auf, das am Strand hockte und mit einer Muschel Wasser aus dem Meer in eine kleine Kuhle schöpfte. „Was tust du da?", fragte Augustinus verwundert. „Ich will das Meer ausschöpfen!", antwortete das Kind. Augustinus schüttelte den Kopf: „Das ist doch unmöglich. Das Meer ist riesengroß. Du wirst es niemals ausschöpfen können."
Das Kind sah ihn an und sagte: „Ist Gott nicht noch viel größer als das Meer? Und doch versuchst du mit deinem begrenzten Verstand den unendlichen Gott zu verstehen?"

1 Augustinus war ein großer Gelehrter. Er hat ein wichtiges Buch über die ▸ Dreifaltigkeit Gottes geschrieben. Warum hat Augustinus ein Buch über Gott geschrieben, obwohl er wusste, dass er Gott nicht verstehen kann? Führt ein ▸ Schreibgespräch zu dieser Frage.

2 Zeichne eine Muschel in dein Heft. Schreibe in die Muschel deine Fragen, die du Gott stellen möchtest und was du über ihn wissen möchtest.

3 Die Muschel ist auch das ▸ Symbol der Jakobs-Pilger (▸ S. 74). Diskutiert: Inwiefern lässt sich das Pilgern mit dem Wasser-Schöpfen und dem Nachdenken über das Geheimnis der Dreifaltigkeit vergleichen?

4 Meine Hand in deiner Hand

In seinem „Märchen von den Händen Gottes" stellt sich der Dichter Rainer Maria Rilke die Schöpfung des Menschen folgendermaßen vor:

Der liebe Gott begann seine Arbeit, indem er die Erde schuf, diese vom Wasser unterschied und das Licht befahl. Dann formte er in bewundernswerter Geschwindigkeit die Dinge – Felsen, Gebirge, einen Baum und nach diesem Muster viele Bäume. Solange nur die Dinge gemacht waren, war es für den lieben Gott nicht nötig, ständig auf die Erde hinunterzuschauen. Dort konnte sich ja nichts ereignen. Der Wind wehte zwar schon über die Berge, weil sie den Wolken recht ähnlich waren, die er schon lange kannte, aber den Wipfeln der Bäume wich er noch mit einem gewissen Misstrauen aus.

Die Dinge hatte der liebe Gott sozusagen im Schlaf gemacht, aber bei den Tieren fing die Arbeit an, interessant zu werden. Nachdem er sie geschaffen hatte, beschloss er, den Blick nicht mehr von der Erde zu wenden, damit sich dort kein Unglück ereigne. Darum überließ der liebe Gott, als er den Menschen formte, die Arbeit seinen Händen, die ja auch weise waren. Und obwohl er recht neugierig war zu erfahren, wie der Mensch wohl aussehen würde, starrte er unablässig auf die Erde hinab. Um nach all der Plage doch wenigstens eine kleine Freude zu haben, befahl er seinen Händen, ihm den Menschen erst zu zeigen, wenn er fertig war und sie ihn dem Leben ausliefern würden. Wiederholt fragte er, wie Kinder, die Verstecken spielen: „Schon?" Aber als Antwort hörte er nur das Kneten seiner Hände.

Da sah er aus den Augenwinkeln plötzlich etwas durch den Raum in Richtung Erde fallen. Von einer bösen Ahnung erfüllt rief er seine Hände. Sie erschienen ganz von Lehm befleckt, heiß und zitternd. „Wo ist der Mensch?", fuhr er sie an. Da ging die Rechte auf die Linke los: „Du hast ihn losgelassen!" „Du wolltest ja alles alleine machen", sagte die Linke

gereizt, „und hast mich überhaupt nicht mitreden lassen!" „Du hättest ihn eben festhalten müssen!" Die Rechte wollte schon ausholen, besann sich dann aber eines Besseren, und beide Hände sagten übereinstimmend: „Er war so ungeduldig, der Mensch. Er wollte die ganze Zeit schon leben. Wir können wirklich nichts dafür, wir sind unschuldig."

Der liebe Gott aber war ernstlich böse. Er drängte beide Hände fort, denn sie verstellten ihm die Aussicht. Als er die Erde wieder überschaute, da war eben eine Minute vergangen, oder ein Jahrtausend, was bei Gott ja bekanntlich dasselbe ist. Statt eines Menschen gab es eine Million, und sie waren alle schon bekleidet. Und da die Mode damals gerade sehr hässlich war und auch die Gesichter arg entstellte, bekam er einen ganz falschen und sehr schlechten Eindruck von den Menschen.

Darum ist es dringend nötig, dass Gott erfährt, wie der Mensch wirklich ist. Zum Glück gibt es Menschen, die es ihm sagen: die Kinder und manchmal auch Menschen, die malen, Gedichte schreiben und bauen – Kirchen und anderes.

nach Rainer Maria Rilke

◄ *Auguste Rodin, 1896*

---

1 Betrachtet und beschreibt die Skulptur. Was entdeckt ihr außer einer Hand?

2 Erzählt das „Märchen von den Händen Gottes" mit eigenen Worten nach. Vergleicht: Was ist der Unterschied zwischen diesem Märchen und Märchen, die ihr schon kennt, z. B. von den Brüdern Grimm?

3 Der Verfasser des Märchens stellt sich vor, dass Gott die Menschen nicht kennt. Warum können ausgerechnet Kinder und „Menschen, die malen, Gedichte schreiben und bauen", Gott zeigen, wie der Mensch wirklich ist? Führt dazu ein ▶ Schreibgespräch.

4 Findet Eigenschaftswörter, die die Hand der Skulptur und die Hände im Märchen beschreiben. Sammelt diese Wörter in einer ▶ Mindmap. Welche Wörter passen besser zu eurer Vorstellung von Gott? Nehmt ▶ Stellung und begründet eure Antwort.

Netzkarte

Diese Doppelseite zeigt dir wichtige Stationen auf dem Weg durch das Kapitel. Hier geht es darum, dass wir alle einzigartig und zugleich verschieden sind – und was das für unser Leben bedeutet. Immer wieder wirst du auf die Frage treffen: Warum haben alle Menschen die gleiche Würde?

... gemeinsam verschieden sein

... mit Gott als Vater

1 Gehe der Netzkarte nach und suche die Bilder auf dieser Doppelseite im Kapitel. Damit kannst du dir einen Überblick darüber verschaffen, was dich erwartet.

2 Zeichne die Umrisse deiner Hand in dein Heft.
- Schreibe drumherum, welche Fähigkeiten Hände haben („Hände können ...“). Ergänze diese Liste während deiner Reise durch das Kapitel.
- Wofür können Hände und Gesten als ▸ Symbol stehen? Ergänze diese Bedeutungen ebenfalls in deiner Liste. Anregungen findest du auf den Bildern in diesem Kapitel.

3 Welche Themen und Bedeutungen interessieren dich besonders? Tauscht euch darüber aus und begründet eure Auswahl.

... die eigenen Fähigkeiten füreinander einsetzen

... denn jeder ist einzigartig

Miteinander leben ...

... als Kinder Gottes

... und beten

... gemeinsam handeln

Von Gott berührt – in Gottes Händen

▲ *Michelangelo Buonarroti, Ausschnitt aus dem Deckengemälde in der Sixtinischen Kapelle, ca. 1508–1512*

Rom im 16. Jahrhundert. Die ganze Stadt war in den letzten Jahren eine Baustelle; vieles wurde neu gestaltet. Die größten Künstler der damaligen Zeit haben daran mitgewirkt. Es war eine Zeit, in der man voller Stolz bewunderte, zu welch großartigen Leistungen die Menschen fähig sind. Man freute sich über die Schönheit der Dinge, die Menschen zu schaffen in der Lage waren.

„Fantastico! Dieser Michelangelo ist einfach ein Genie! Vier Jahre lang hat man in Rom nichts von ihm gesehen. Die Leute haben nur erzählt, dass er wie ein Besessener arbeitet – angeblich gestaltet er ein Deckengemälde, wie es die Welt noch nicht gesehen hat. Na ja, viele haben daran gezweifelt. Er ist zwar ein berühmter Bildhauer, aber ein ▶ Fresko malen? So etwas hat er noch nie gemacht. Trotzdem hat Papst Julius II. ihn dazu überredet, die riesige Decke der Sixtinischen Kapelle auszumalen. Man muss sich das mal vorstellen: Das bedeutet, ständig über Kopf zu arbeiten,*

meistens auf dem Rücken liegend. Wahrscheinlich hat Michelangelo nur eingewilligt, weil der Papst ihm freie Hand bei den Bildmotiven gelassen hat. Jetzt sind die Gerüste endlich abgebaut und das Werk wurde der Öffentlichkeit präsentiert – ganz Rom war auf den Beinen. Natürlich habe ich mich auch angestellt. Als ich dann die Schwelle zur Sixtinischen Kapelle überschritt, wurde mein Blick förmlich nach oben gerissen. Allmächtiger! Nie zuvor habe ich etwas so Großartiges gesehen. Diese Kraft, diese Dynamik, diese Aussage! Sogar die Bischöfe haben sich auf den Rücken gelegt, um dieses unfassbare Gemälde in seiner ganzen Pracht zu sehen.“

Ein fiktiver Augenzeuge am 1. November 1512

>> *Jeder Mensch ist eine Originalausgabe aus Gottes Hand!* <<   Sören Kierkegaard

„Wer bin ich?", fragt der Mensch. Die erste Antwort lautet: „Du bist ein geliebtes Geschöpf!"
Der Mensch verdankt sein Leben Gott, es ist ein Geschenk der Zuwendung und Liebe Gottes. Gott sagt zum Menschen Ja, berührt ihn und haucht ihm Lebensatem ein. Jedes Leben ist von Gott gewollt – so, wie es ist. Jeder Mensch ist etwas ganz Besonderes. Er ist wertvoll. Er hat eine Würde. Nicht aus eigener Kraft, sondern weil er ein einzigartiges Kind Gottes ist. Gott traut dem Menschen auch etwas zu: Weil Gott ihn beseelt und als sein Ebenbild geschaffen hat, hat jeder Mensch auch Verantwortung für sein Leben, seine Mitmenschen und die ganze Schöpfung.

›› *¹ Herr, du hast mich erforscht und du kennst mich.*
² Ob ich sitze oder stehe, du kennst es.
Du durchschaust meine Gedanken von fern.
³ Ob ich gehe oder ruhe, du hast es gemessen.
Du bist vertraut mit all meinen Wegen.
⁴ Ja, noch nicht ist das Wort auf meiner Zunge, siehe, Herr, da hast du es schon völlig erkannt.
⁵ Von hinten und von vorn hast du mich umschlossen, hast auf mich deine Hand gelegt. (…)
⁸ Wenn ich hinaufstiege zum Himmel – dort bist du; wenn ich mich lagerte in der Unterwelt – siehe, da bist du.
⁹ Nähme ich die Flügel des Morgenrots, ließe ich mich nieder am Ende des Meeres,
¹⁰ auch dort würde deine Hand mich leiten und deine Rechte mich ergreifen.
¹¹ Würde ich sagen: Finsternis soll mich verschlingen und das Licht um mich soll Nacht sein!
¹² Auch die Finsternis ist nicht finster vor dir, die Nacht leuchtet wie der Tag, wie das Licht wird die Finsternis.
¹³ Du selbst hast mein Innerstes geschaffen, hast mich gewoben im Schoß meiner Mutter.
¹⁴ Ich danke dir, dass ich so staunenswert und wunderbar gestaltet bin.
Ich weiß es genau: Wunderbar sind deine Werke. ‹‹
Ps 139,1–5.8–14

›› *Da formte Gott, der Herr, den Menschen, Staub vom Erdboden, und blies in seine Nase den Lebensatem. So wurde der Mensch zu einem lebendigen Wesen.* ‹‹   *Gen 2,7*

›› *Doch nun, Herr, du bist unser Vater. Wir sind der Ton und du bist unser Töpfer, wir alle sind das Werk deiner Hände.* ‹‹   *Jes 64,7*

›› *Der Herr festigt die Schritte des Menschen, an seinem Weg hat er Gefallen. Auch wenn er strauchelt, stürzt er nicht hin; denn der Herr stützt seine Hand.* ‹‹
Ps 37,23–24

1 Betrachtet das ▸ Fresko „Die Erschaffung Adams".
- Beschreibt die beiden Figuren im Vordergrund. Beziehet euch dabei vor allem auf die Hände.
- Stellt euch vor, Michelangelo würde die nächste Szene der Begegnung malen: Was geschieht, wenn sich die Fingerspitzen berühren? Was bedeutet das für Adam?
- Der Augenzeuge schwärmt von Michelangelos Deckengemälde. Sucht z. B. im Internet Fotos davon. Stellt das Bild vor, das euch am meisten beeindruckt.

2 Das Bild und die Texte auf dieser Doppelseite zeigen eine enge Beziehung zwischen Gott und den Menschen.
- Lest die Texte und beschreibt den Menschen – als Geschöpf und Kind Gottes – mit passenden Eigenschaftswörtern.
- Gestalte die Bibelstelle, die dir besonders gut gefällt, in deinem Heft mit Farben oder einem passenden Bild.

3 ▸ Psalmen sind voller Sprachbilder und passen zu ganz unterschiedlichen Lebenssituationen.
- Lest den links stehenden Psalm 139 und erschließt die Sprachbilder nach der Anleitung auf ▸ S. 15.
- Was bedeutet der Psalm für dich persönlich? Formuliere Gebetssätze, die mit „Herr, du …" beginnen.

Tipp zu Aufgabe 1: Lasst euch von der Begeisterung der Menschen im 16. Jahrhundert anstecken. Schreibt einen Brief/eine elektronische Nachricht über eure Bildeindrücke.

Jeder Mensch ist einzigartig

Lisa und Christian gehen nun schon seit einigen Monaten in die 5. Klasse des Gymnasiums. Auf dem Nachhauseweg unterhalten sie sich über die vielen Bekanntschaften, die sie an der neuen Schule gemacht haben:

Lisa: Kennst du Verena, meine neue Freundin? Die kann super Tennis spielen und gewinnt fast immer. Nur ein einziges Mal habe ich gegen sie gewonnen!

Christian: Und Thomas, mit dem ich jetzt befreundet bin, kann fast alles reparieren! Im Moment schraubt er an dem alten Motorroller von seinem Opa rum, und der hat gesagt, wenn Thomas älter ist und einen Führerschein hat, darf er damit rumfahren. Ich hab den beiden auch schon geholfen, aber so geschickt wie Thomas bin ich einfach nicht!

Lisa: Sag mal, Christian … Was meinst du eigentlich, was die anderen so über uns erzählen?

Wer ist Lisa?

» *Lisa ist unser zweites Kind. Sie ist lebhaft und gerne im Freien. Manchmal tobt sie mir etwas zu wild herum.* «   Vater

» *Wenn ich meine Ruhe haben will, dann nervt mich die Lisa oft. Aber sonst kommen wir gut miteinander klar.* «   Schwester

» *Lisa ist ein lebhaftes Mädchen und in der Schule nicht immer aufmerksam. Wenn andere sie brauchen, ist sie immer für sie da.* «   Lehrer

» *Lisa ist meine beste Sprinterin. Beim Training ist sie immer voll bei der Sache und hat auch ein Auge für die anderen.* «   Trainer

Wer ist Christian?

» *Christian ist unser Ältester. Er ist vernünftig, und ich kann mich immer auf ihn verlassen. Aber manchmal bin ich mir nicht sicher, ob er auch innerlich so ruhig ist.* «   Mutter

» *Christian ist sehr musikalisch und ein talentierter Geigenspieler. Bei ihm kann ich mich darauf verlassen, dass er seine Übungen macht.* «   Musiklehrerin

» *Mir ist der Christian zu brav. Ein Junge muss doch auch mal raufen und lärmen! Ich finde, er sollte mehr mit anderen unternehmen.* «   Onkel

» *Christian ist ein treuer Ministrant. Er hat einen guten Einfluss auf die anderen und kann bei Streitigkeiten gut schlichten.* «   Pfarrer

---

1 Lest, was die verschiedenen Personen über Lisa und Christian sagen. Was glaubt ihr, wie sich die beiden wohl selbst sehen und beschreiben würden? Tauscht euch in Partnerarbeit darüber aus.

2 Wie würden dich deine Eltern, Freundinnen, Freunde und Bekannten wohl beschreiben? Verfasse Aussagen über dich aus der Sicht verschiedener Personen.

3 Diskutiert, wie es zu den unterschiedlichen Einschätzungen kommt und was sie jeweils über euch aussagen.

Als Geschöpf Gottes ist jeder Mensch einzigartig. Unser Fingerabdruck ist ein Zeichen dafür: Von den über sieben Milliarden Menschen auf der Welt haben nicht zwei den gleichen Fingerabdruck! Nicht einmal bei Zwillingen gleichen sich die Linien auf den Fingerkuppen.

Genauso hat jeder Mensch seine ganz individuellen Stärken, aber auch Schwächen: Da ist einerseits die schwierige Matheaufgabe, die sonst keiner aus der Klasse rauskriegt; aber andererseits wollen die Englischvokabeln einfach nicht in den Kopf. Oder jemand organisiert ein tolles Klassenfrühstück, von dem alle noch lange schwärmen, kommt aber morgens immer wieder zu spät zum Unterricht.

Und manchmal passiert es sogar, dass andere als Stärke erkennen, was man selbst immer als Schwäche gesehen hat. Zum Beispiel, wenn man sich lange nicht traut, sich an einem Gespräch in der Gruppe zu beteiligen – und wenn man dann den Mund aufmacht, sagt ein anderer plötzlich: „Das ist es! Toll, dass du so gut zuhören kannst."

Solche Erfahrungen und Herausforderungen können uns verändern. Sie zeigen uns unsere Stärken – und auch unsere Schwächen. Beide Seiten gehören zu unserer Persönlichkeit und machen jeden Menschen zu etwas ganz Besonderem. Gott sagt zu jedem Menschen mit all seinen Stärken und Schwächen: „Du bist mein geliebtes Kind."

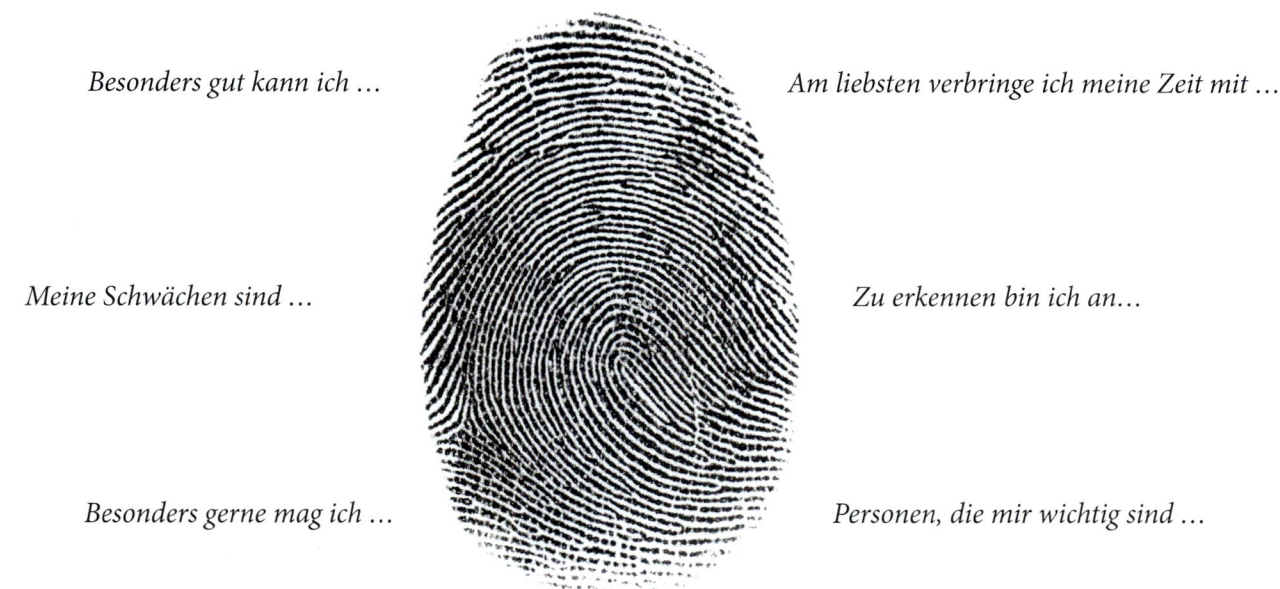

Besonders gut kann ich …

Am liebsten verbringe ich meine Zeit mit …

Meine Schwächen sind …

Zu erkennen bin ich an…

Besonders gerne mag ich …

Personen, die mir wichtig sind …

4 Macht mithilfe eines Stempelkissens eigene Fingerabdrücke. Vergleicht eure Fingerabdrücke untereinander.

5 Beschreibe, was dich einzigartig macht. Die Satzanfänge auf dieser Seite helfen dir dabei. Schreibe sie zu den Fingerabdrücken in deinem Heft und vervollständige sie.

6 Sicher findet ihr auch an jedem und jeder eurer Mitschülerinnen und Mitschüler etwas Besonderes.
- Klebt euch Pappteller auf den Rücken und schreibt euch gegenseitig positive Botschaften darauf – wenn ihr wollt, mit eurem Namen dabei.
- Hebe deinen Pappteller gut auf. Du kannst ihn hervorholen und lesen, wenn es dir einmal nicht so gut geht.

Es ist normal, verschieden zu sein

… zu krank?

… zu alt?

… zu groß?

… zu klein?

Wer ist hier anders?

In der 5b gibt es eine bunte Mischung von Schülerinnen und Schülern: Da ist z. B. Lisa, die aus einem kleinen Dorf kommt und jeden Tag eine weite Strecke mit dem Schulbus fahren muss. Andreas, der schon eine Brille tragen musste, als er vier war. John, dessen Vater aus Kuba stammt, und Florian, der zwar hochbegabt ist, aber Schwierigkeiten hat, sich mit anderen zu unterhalten.

Nach der Pause kommt John aufgeregt zu seiner Lehrerin und beschwert sich darüber, dass ihn die Jungs schon wieder wegen seiner Hautfarbe gehänselt haben: „Es ist total blöd, anders zu sein!"
Die Lehrerin schaut in die Runde. „Aber hier ist doch jeder anders! Und das ist auch gut so."
Florian hat alles mitbekommen und denkt kurz nach, dann sagt er: „Wenn du schon anders bist, dann bin ich ja noch viel anderster!"

Hast du schon gehört? Wir kriegen einen neuen Mitschüler, der ist an den Rollstuhl gefesselt.

1 Beschreibt die oben abgebildeten Personen. Was würden sie über sich selbst sagen?
2 Sollte man die Redensart „an den Rollstuhl gefesselt" verwenden? Diskutiert mithilfe der ▶ Placemat-Methode. Berücksichtigt dabei auch die Perspektive der Person im Rollstuhl.
3 Lest die geschilderte Begebenheit. Erklärt Florians Aussage und beurteilt sie.
4 „Es ist normal, verschieden zu sein." Was bedeutet diese Aussage für euren Umgang z. B. mit kranken, alten oder beeinträchtigten Menschen – oder auch mit Menschen, die aus ihrem Land fliehen mussten? Sucht Beispiele und entwerft dazu ein ▶ Lapbook.

Gemeinsam verschieden sein: Das Häkel-Tipi

„Wir wollen Vielfalt" – das war das Motto, unter dem aus vielen kleinen gehäkelten Quadraten ein Zelt entstanden ist. Viele Menschen mit ganz unterschiedlichen Fähigkeiten und Einschränkungen häkelten dafür über tausend kleine Quadrate. Beteiligt haben sich Menschen aller Altersstufen von Kindern bis zur über neunzigjährigen Seniorin. Manche haben schon immer gerne Handarbeiten gemacht, andere lernten gerade erst Häkeln. Manche häkelten nur ein Quadrat, andere beteiligten sich mit mehreren. Zusammengekommen ist eine bunte Fülle an Farben, Formen und Mustern. Aus diesen vielen verschiedenen Quadraten wurde ein Zelt zusammengenäht, das so groß ist, dass es sogar begehbar ist.

Ganz individuelle „Kunstwerke" werden zu einem gemeinsamen Ganzen. Entstanden ist auf diese Weise ein „Zelt der Begegnung", ein Raum, der das Gefühl der Verbundenheit zum Ausdruck bringt. Das Zelt war inzwischen sogar schon in verschiedenen Städten auf Wanderschaft.

Ute Lennartz-Lembeck, die die Idee zu dem Projekt hatte, erzählt:

„Inzwischen ist das ein weltweites Projekt. Über 14 solche Tipis gibt es schon, in Deutschland, aber auch in New York, Taipeh oder in Kenia. Das Tipi ist für mich ein Symbol. Es ist mobil, es bietet Schutz, es steht für Gastfreundschaft und Frieden. Die Wolle vermittelt Wärme, die Farbenpracht des Tipis regt die Fantasie an. Und die gemeinsame Arbeit verbindet die Menschen."

Einige Teilnehmende der Aktion berichten:

- *„Unsere Senioren aus der Tagespflege, von denen einige an Demenz erkrankt sind, und aus dem Seniorentreff waren sehr fleißig. Sie haben einige Quadrate mit Blumen verziert, um sie wiederzuerkennen, wenn das Tipi zu uns kommt."*

- *„Sie bekommen von uns 29 Quadrate. Sie wurden von Kindern, Lehrerinnen, Omas, Müttern und Mitarbeitern unserer Schule gehäkelt."*

▲ Das Tipi-Konzept stammt von der Kunstpädagogin Ute Lennartz-Lembeck, die das Projekt schon an verschiedenen Orten im In- und Ausland durchgeführt hat.

---

5 Erzählt: Habt ihr schon einmal gezeltet? Welche Erfahrungen habt ihr gemacht?

6 Malt ein Zelt in euer Heft und schreibt dazu, wofür das Zelt ein ▸ Symbol sein kann.

7 Informiert euch im Internet über das Tipi-Projekt und die Aktion „Wir wollen Vielfalt". Recherchiert nach weiteren Aktionen, bei denen Menschen mit und ohne Behinderung gleichberechtigt teilhaben können. Fragt auch in eurer Umgebung.

8 Stellt euch vor, ihr würdet in einer Welt leben, in der alle Menschen gleich sind. Setzt euch mit dieser Vorstellung auseinander und diskutiert, warum gerade Unterschiede und Vielfalt das Leben spannend machen können.

Menschen beten

Beim Beten bringen Menschen vor Gott, was ihnen in ihrem Leben wichtig ist. Manchen hilft dabei eine feste Form, ein bestimmter Ort oder eine besondere äußere Haltung.

Nicht nur das Christentum, auch andere Religionen kennen überlieferte Gebete und solche, die regelmäßig gesprochen werden. So beten viele Muslime fünfmal am Tag, und viele Juden sprechen vor dem Essen eine Danksagung oder auch Segnung.

Im Christentum kennt man sowohl das gemeinschaftliche Gebet als auch private und stille Gebete in vielfältigen Formen. Bei Feiern und Gottesdiensten haben Gebete einen festen Ort und teilweise auch eine festgelegte Form, aber sie sind auch individuelle Ausdrucksformen des Glaubens. Wenn es schwerfällt, eigene Worte zu finden, kann man Anregungen in Gebets- oder anderen Büchern, in Gebetskalendern oder auch auf Gebetswürfeln finden.

>> *Wie groß, Gott, ist das Werk deiner Hände!*
Sonne, Wolken und Palmen singen dir Lob.
Lege ich mich am Abend auf meine Matte,
so weiß ich, dass deine Hand mich trägt.
Erwache ich am Morgen,
fühle ich mich in deiner Hand geborgen.
Die Sonne ist Sinnbild deiner Liebe.
Durch sie tanzt die Welt vor dir in aller Schönheit.
Gott, deine Gnade ist mein Glück.
Dein Licht erweckt ein Lied in meinem Herzen:
Halleluja! << *aus Kenia*

>> *O Gott, von dem wir alles haben,*
wir danken dir für diese Gaben.
Du speisest uns, weil du uns liebst.
O segne auch, was du uns gibst.
Amen. <<

>> *Danke für Sonne, Wärme und Licht,*
danke für unsere Gemeinschaft,
danke für deine Nähe, guter Gott. <<

>> *Lieber Gott, lass unsere Mannschaft heute*
gewinnen! <<

>> *Guter Gott, ich weiß nicht mehr weiter. Gerade*
wird mir alles zu viel. Bitte gib mir Kraft und Mut,
dass ich den vielen Anforderungen gerecht werde und
niemanden enttäusche. Ich weiß, du bist an meiner
Seite. Amen. <<

>> *In der langen dunklen Nacht,*
habe du, Gott, auf mich acht.
Schütze alle, die mir lieb,
alles Böse mir vergib.
Kommt der helle Sonnenschein,
lass mich wieder fröhlich sein. <<

>> *O Gott, lass mich die Prüfung bestehen!* <<

Darf man für den Sieg seiner Mannschaft beten?
Beten ist der stille Dialog mit Gott. Darf man diesen nutzen, um ein Fußballspiel in die gewünschte Richtung zu lenken? Fast die Hälfte aller Deutschen sagt: Ja.
Rheinische Post, 5. Juli 2014

1 Menschen beten zu ganz verschiedenen Anlässen.
  ▪ Beschreibt die Fotos auf der linken Seite.
  ▪ Beten die abgebildeten Menschen? Schreibt eure Eindrücke auf.
  ▪ Nennt weitere Anlässe, bei denen Menschen gemeinsam oder auch allein beten.

2 Erarbeitet einen Fragebogen für eine Umfrage und befragt eure Familien, Bekannten und Freund innen und Freunde danach, ob, wann und warum sie beten.

3 Auf dieser Seite findet ihr ganz verschiedene Gebete. Lest euch die Gebete durch und ordnet sie den Bildern auf der linken Seite zu. Begründet eure Lösung.

4 Setzt euch mit den folgenden Aussagen auseinander und formuliert in Partnerarbeit eine Antwort:
  ▪ „Beten? Das bringt doch überhaupt nichts. Gott hört mich sowieso nicht."
  ▪ „Mit meinem Gebet kann ich Gott beeinflussen."

5 Nehmt zu dem Zeitungsausschnitt oben ▶ Stellung, indem ihr einen Leserbrief an die Zeitung schreibt.

6 Kirchen bieten Menschen Raum, um allein oder gemeinsam ein Gebet zu sprechen. Auf den ▶ Seiten 102, 106 und 108 findest du Abbildungen verschiedener Kirchen. Lass die Bilder auf dich wirken. Welcher Kirchenraum spricht dich besonders an? Nenne Gründe, falls möglich.

Tipp zu Aufgabe 2: Ihr könnt eure Interviewpartner auch nach Gebeten fragen, die sie gerne sprechen, oder im Internet nach Gebeten suchen.

Mit dem Körper beten

Körperhaltungen beim Gebet

Manche Menschen werden ganz ruhig, wenn sie beten: Sie falten die Hände, schließen die Augen und sind ganz bei sich und den Gedanken, die ihnen gerade durch den Kopf gehen. Manchmal beten Menschen aber auch mit dem ganzen Körper – bis hin zu Tänzen und Prozessionen während des Gottesdienstes. Menschen halten die Hände wie eine Schale geöffnet, wenn sie den Segen empfangen, oder reißen die Arme empor, wenn sie ein beherztes „Halleluja!" rufen. Bei meditativen Gebetsformen wiederum verweilen Menschen ganz ruhig und in sich gekehrt in einer bestimmten Körperhaltung.

1 Mit der Körperhaltung beim Gebet bringen wir etwas zum Ausdruck.
- Nehmt die abgebildeten Gebetshaltungen ein und fühlt euch in die Personen ein. Schreibt dann für jede Person in euer Heft, was sie mit ihrer Körperhaltung Gott gegenüber ausdrücken will.
- Sucht nach weiteren Gebetshaltungen und deutet sie.
2 Früher mussten sich Sklaven vor ihrem Herrn verneigen und damit zeigen, dass sie sich ihm unterwarfen. Sucht nach anderen Gründen, sich vor jemandem zu verneigen, und diskutiert darüber, ob Christinnen und Christen sich im Gebet vor Gott verneigen sollten.

Tipp zu Aufgabe 1: Ihr könnt für jede Person einen Satz aufschreiben, den sie gerade betet, z. B. „Lieber Gott, ich danke dir, dass …", „Jesus, ich bitte dich, dass …", „Herr, ich lobe dich für …" oder „Allmächtiger Gott, warum …?" (▶ S. 95)

Das Kreuzzeichen

Zu Beginn und am Ende eines Gottesdienstes oder Gebets bekreuzigen sich katholische Christinnen und Christen: Zuerst berühren sie mit den Fingerspitzen der rechten Hand die Stirn und die Leibmitte, danach die linke und die rechte Schulter. So zeichnen sie ein Kreuz auf ihren Körper und sprechen dabei die Worte: „Im Namen des Vaters und des Sohnes und des Heiligen Geistes." Mit dem Kreuzzeichen stellt sich der ganze Mensch unter das Kreuz Christi, und es zeigt die ▶ Dreifaltigkeit Gottes als Vater, Sohn und Heiliger Geist. Zugleich steht das Kreuz als ▶ Symbol für die enge Verbindung zwischen Gott und den Menschen: Das Senkrechte trifft auf das Waagerechte. Der Mensch steht auf der Erde, auf festem Boden, im Hier und Jetzt, und ist doch verbunden mit dem nach oben Ausgerichteten und Ausgestreckten. So vereinen sich im Kreuz die Welt, die Menschen und Gott. Gott kommt in Jesus Christus als Mensch zur Welt.

„Lass mich dein Wort
+ *mit dem Verstand begreifen,*
+ *mit dem Mund verkünden und*
+ *im Herzen bewahren."*

3 Erzählt einander, bei welchen Gelegenheiten ihr in eurem Alltag schon auf das Kreuzzeichen gestoßen seid.

4 Probiert das „große" und die drei „kleinen" Kreuzzeichen, wie es die Zeichnungen oben und links zeigen, ganz bewusst aus: Ist es ein Unterschied für euch, welches Kreuzzeichen ihr macht? Worin liegt dieser Unterschied? Tauscht euch darüber aus.

5 Informiert euch mithilfe der Materialien auf dieser Seite über die Bedeutung des Kreuzzeichens. Fasst dann die christliche Vorstellung von der ▶ Dreifaltigkeit noch einmal zusammen (▶ S. 70/71). Bezieht dabei die Frage mit ein, warum sich das Kreuzzeichen als Kurzformel des christlichen Glaubens verstehen lässt.

6 In der Messfeier bekreuzigen sich viele Gläubige vor der Verkündigung des ▶ Evangeliums mit den drei „kleinen Kreuzzeichen" (▶ Zeichnung links). Erklärt: In welchem Zusammenhang steht diese Geste mit dem Verlesen des Evangeliums?

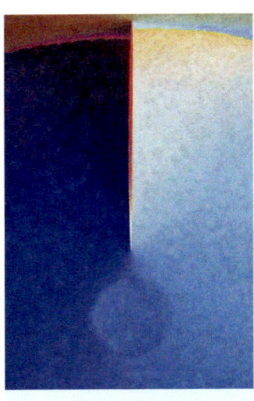

Vater unser im Himmel,

geheiligt werde dein Name.

Dein Reich komme.

Dein Wille geschehe, wie im Himmel so auf Erden.

Unser tägliches Brot gib uns heute.

Das Vaterunser

„Vater unser im Himmel …"

Ja?

Unterbrich mich nicht! Ich bete.

Aber gerade hast du mich doch angesprochen.

Ja schon, aber das war doch nicht persönlich gemeint. Das betet man eben so: „Vater unser im Himmel."

Siehst du, schon wieder! Was gibt's?

„Geheiligt werde dein Name."

Das finde ich toll! Meinst du das wirklich?

Was?

Na, dass du meinen Namen heiligen willst. Hast du eigentlich eine Ahnung, was das bedeutet?

Na ja, wenn du mich so direkt fragst … Hm, schwierig … Wenn ich ehrlich bin … keine Ahnung.

Das bedeutet, dass ich für dich etwas ganz Besonderes bin! Dabei dachte ich immer, du schwärmst nur für …

Stopp, sprich nicht weiter! Woher weißt du das denn? Egal – also weiter: „Dein Reich komme. Dein Wille geschehe, wie im Himmel so auf Erden …"

Und was tust du dafür?

Na ja, immerhin bete ich gerade! Und ich war auch schon mal in der Kirche.

Meinst du denn, das reicht? Ich würde mich jedenfalls freuen, wenn du selber aktiv am Kommen meines

Reichs mitwirkst: Hungernde speisen, Trauernde trösten, Flüchtlinge aufnehmen.

Sag das doch denen, die dein Haus regelmäßig besuchen, aber sonst absolut nichts tun!

Moment, du hast doch angefangen mit „Dein Reich komme"! Also schau erst einmal auf dich, nicht auf die anderen … Und wenn ich dich öfters mal in meinem Haus begrüßen dürfte, würde mich das wirklich sehr freuen.

Kann ich jetzt vielleicht weitermachen? „Unser tägliches Brot gib uns heute …"

Schön, dass du in der Mehrzahl sprichst! Du denkst hoffentlich auch an die Menschen in der Welt, denen es nicht so gut geht wie dir.

„Und vergib uns unsere Schuld, wie auch wir vergeben unseren Schuldigern …"

Darf ich dich daran erinnern, was du gestern über Ina gepostet hast? Das war nicht gerade nett von dir, und dass jetzt alle den Post im Netz lesen können, scheint dich nicht wirklich zu stören.

Die ist doch selber schuld! Die zieht doch auch andauernd über andere her!

Wie soll ich dir denn vergeben, wenn du immer anderen die Schuld gibst, statt deine Fehler zuzugeben?

Und vergib uns unsere Schuld, wie auch wir vergeben unsern Schuldigern.

Und führe uns nicht in Versuchung,

sondern erlöse uns von dem Bösen.

Denn dein ist das Reich und die Kraft und die Herrlichkeit in Ewigkeit.

Amen.

▲ Siegfried A. G. Angermüller, 1991

Okay, ich lösche den Post. Und vielleicht spreche ich auch noch mal mit Ina. „Und führe uns nicht in Versuchung, sondern erlöse uns von dem Bösen …"
Ich will ja auch gar nicht, dass du in Versuchung gerätst. Klar, das ist für euch junge Leute gar nicht so einfach, die Welt ist ja voller Versuchungen: die Tafel Schokolade, die auf dem Tisch liegt, der Computer, der im Dauerbetrieb läuft, oder auch das Handy, das du gar nicht mehr aus der Hand legst.
Aber das machen doch alle!
Die anderen interessieren mich jetzt aber nicht, sondern nur du! Eigentlich weißt du doch selber, was deine Schwächen sind und wodurch du dich verführen lässt.
Mann, du machst es mir vielleicht schwer! Ich wollte doch nur das Vaterunser sprechen. So anstrengend war das noch nie.
Ja, weil du es endlich mal an dich rangelassen hast.
„Denn dein ist das Reich und die Kraft und die Herrlichkeit in Ewigkeit. Amen."
Siehst du: Ich biete dir Heimat, ich gebe dir Kraft und ich bin immer für dich da! Wo findest du das schon?

Nach Clyde Lee Herring/Andreas Malessa

1 Lest das „Gespräch" auf dieser Doppelseite mit verteilten Rollen. Warum fällt es dem Menschen, der hier betet, so schwer, Gott zuzuhören? Führt dazu ein ► Schreibgespräch.

2 Die Bildreihe zeigt eine künstlerische Umsetzung des Vaterunsers.
- Beschreibt euren ersten Eindruck von den ► Bildern: Welche Elemente, Farben und Formen fallen euch auf?
- Wählt eines der Bilder aus und beschreibt, wie sich darin der Text spiegelt.

3 Entwerft aus einfachen Grundformen (z. B. Kreise, Vierecke, Bögen) eigene Bilder zu Vaterunser-Bitten. Gestaltet damit eine Ausstellung im Klassenzimmer:
- Lasst im Hintergrund ruhige Musik laufen.
- Betrachtet die Bilder in Ruhe.
- Äußert euch anerkennend oder nachfragend zu den Kunstwerken, z. B. „Dieses Bild gefällt mir, weil …", „Den Maler/die Malerin dieses Bildes möchte ich fragen …".

Tipp zu Aufgabe 1: Ihr könnt das Gespräch auch halbpantomimisch spielen. Die kursiv gedruckten Texte werden vorgelesen; die Reaktionen der betenden Person werden pantomimisch dargestellt.

Mit eigenen Worten beten

In Gebetbüchern stehen viele Gebete, und manche davon können wir sogar auswendig. Trotzdem gibt es immer wieder Situationen, in denen diese nicht passen, weil wir Gott gegenüber unsere Gedanken und Gefühle frei äußern möchten. Wenn sich Menschen an Gott wenden, geht das auch ohne feste Form. Ansonsten können Gebete schnell zu einem bloßen Ritual werden, bei dem man einen Text aufsagt und bestimmte Handlungen vollzieht, ohne mit den Gedanken und dem Herzen bei der Sache zu sein.

Eines Abends spät merkte ein Bauer auf dem Heimweg vom Markt, dass er sein Gebetbuch nicht bei sich hatte. Da ging mitten im Wald ein Rad seines Karrens entzwei, und es betrübte ihn, dass dieser Tag vergehen sollte, ohne dass er seine Gebete verrichtet hatte. Also betete er: „Ich habe etwas sehr Dummes getan, Herr. Ich bin heute früh ohne mein Gebetbuch von zu Hause fortgegangen, und mein Gedächtnis ist so schlecht, dass ich kein einziges Gebet auswendig sprechen kann. Deshalb werde ich dies tun: Ich werde fünfmal langsam das ganze ABC aufsagen, und du, der du alle Gebete kennst, kannst die Buchstaben zusammensetzen und daraus die Gebete machen, an die ich mich nicht erinnern kann."

Und der Herr sagte zu seinen Engeln: „Von allen Gebeten, die ich heute gehört habe, ist dies ohne Zweifel das beste, weil es aus einem ehrlichen Herzen kam."

Anthony de Mello

In dem Buch „Hallo, Mister Gott, hier spricht Anna" erzählt der Schriftsteller Fynn von seiner Begegnung mit der fünfjährigen Anna:

So nahm ich Anna auf den Arm und trug sie zu ihrem Sofabett. Ich wollte sie zudecken, aber das war falsch. „Betest du nich?", fragte sie.

„Na ja, schon, nachher, wenn ich auch schlafen gehe."

„Ich will aber mit dir zusammen beten", sagte sie.

So knieten wir beide vor dem hässlichen Sofa, und Anna betete:

„Mister Gott, hier spricht Anna. Vielen Dank, dass Fynn mich lieb hat. Das wollte ich dir bloß schnell sagen. Und jetzt schlaf gut."

Mister Gott bekam einen Gutenachtkuss in die Luft – irgendwie würde er ihn schon erreichen. Auch ich bekam einen.

Fynn

>> *Wenn ihr betet, sollt ihr nicht plappern wie die Heiden, die meinen, sie werden nur erhört, wenn sie viele Worte machen. Macht es nicht wie sie; denn euer Vater weiß, was ihr braucht, noch ehe ihr ihn bittet.* <<
Mt 6,7–8

1 Vergleicht das Gebet des Bauern mit dem von Anna. Beurteilt ihre jeweilige Art zu beten.

2 Lest die nebenstehende Aussage Jesu aus der Bergpredigt. Nach diesen Worten hat Jesus gesagt: „So sollt ihr beten" und seine Jünger das Vaterunser gelehrt. Erklärt: Was bedeutet diese Aussage für das Beten?

Bausteine für eine Gebetswerkstatt

Wenn man ein eigenes Gebet sprechen möchte, ist es oft nicht leicht, die richtigen Worte zu finden. Aber bei Gott geht es nicht um Richtig oder Falsch. Wenn du ein eigenes Gebet formulieren möchtest, können dir die folgenden Bausteine eine Hilfe sein.

Gebetshaltung
Überlege dir, in welcher Körperhaltung und mit welcher Geste du dein Gebet sprechen möchtest (▶ S. 90 und 94).

Anrede
Zu Beginn eines Gebets kannst du Gott direkt ansprechen. Sicher fallen dir verschiedene Anreden ein. Wähle eine davon aus, die dir für diesen Anlass am passendsten erscheint. Hier einige Beispiele:
- „Lieber …", „Guter …", „Unbegreiflicher …", „Tröstender …", „Allmächtiger …"
- „Herr", „Jesus", „Gott", „Unser Vater und unsere Mutter", „Mein Freund", „Quelle des Lebens"

Mein Leben
Erzähle etwas über dich, z. B. wie es dir gerade geht, was du erlebt, erfahren oder gelernt hast:
- „Heute habe ich …", „Ich muss dir unbedingt etwas erzählen", „Ich kann nicht begreifen, dass …", „Ich denke gerade an …"

Mein Anliegen/Erwartung an Gott
Überlege dir, ob du Gott für etwas danken, ihn um etwas bitten, ihn für etwas loben oder vor ihm klagen möchtest. Wahrscheinlich hast du Anrede und Gebetsanfang schon entsprechend gewählt.

„Was ich dir schon lange sagen möchte …", „Großartig finde ich …", „Dafür danke ich dir …", „Ich bitte dich …", „Wie kannst du so etwas zulassen?", „Klasse, wie schön du …"
Sprich einfach zu Gott wie mit einem Freund oder jemandem, dem du dich oder andere anvertrauen kannst.

Gebetsabschluss
Am Ende des Gebets kannst du Gott nochmals ansprechen. Überlege dir wieder eine Anrede, die zu deinem Gebet passt. Christen schließen ihre Gebete meist mit dem Wort „Amen" ab. Es stammt aus dem Hebräischen und bedeutet „So sei es". Damit bekräftigen sie, dass sie ihr Gebet ernst meinen.

Das Gebet gestalten
Du kannst dein Gebet auch schön gestaltet aufschreiben und deine gestalteten Gebete in einem Gebetsheft sammeln.

---

1 Sucht Gebete, z. B. aus Gebetbüchern, dem Gotteslob oder dem Buch der ▶ Psalmen . Vergleicht:
- Wie beginnt und endet das Gebet?
- Welche Erwartung an Gott ist darin formuliert?
2 Dem Beter des Cartoons fehlen die Worte. Nennt Möglichkeiten, wie man ohne Worte beten kann.
3 Gestaltet aus euren Gebeten ein Klassengebetbuch. Tragt weitere Gebete zusammen, die euch gefallen, und ergänzt euer Gebetbuch.
4 Wenn du auch früher schon gebetet hast: Hat sich deine Art zu beten im Laufe der Zeit verändert? Forsche nach, indem du nach alten Gebetsheften suchst und deine Eltern fragst.

Gemeinsam handeln

Schon seit Wochen freut sich die Klasse 5c auf den Klassennachmittag, den sie gemeinsam mit ihren Tutorinnen und Tutoren verbringen will. Diese haben vorgeschlagen, dass die Klasse selbst entscheidet, was sie an diesem Nachmittag unternehmen will, weil die Schülerinnen und Schüler nun schon eine Zeit lang zusammen in eine Klasse gehen – nur sollen sie eine gemeinsame Entscheidung treffen. Sofort hat Joshi einen Vorschlag: „Kommt, wir gehen zusammen zum Bolzplatz und veranstalten da ein richtiges Fußballmatch!"

„Ja, prima Idee", unterstützt ihn Julia. „Wir gehen alle gemeinsam zu Fuß hin, dann sind wir auch genug Leute für zwei Mannschaften."

„Wer kann einen Ball mitbringen?", fragt Maximilian.

„Ich hab letzte Woche einen neuen zum Geburtstag gekriegt – den bring ich mit", schlägt Dominik vor. Derweil ist in einer Ecke des Klassenzimmers mürrisches Murmeln zu vernehmen.

„Könnten wir nicht etwas anderes machen?", fragt Emily kleinlaut.

„Nein – wie kommst du denn jetzt darauf?", fragt Juliane.

„Aber wir haben doch noch gar nicht überlegt, was wir sonst noch machen könnten", mischt sich auch Johannes ein.

„Ach komm", unterbricht ihn Katharina. „Jetzt haben wir doch schon alles ausgemacht."

„Alles klar!", meint Joshi schnell. „Dann starten wir nächste Woche gleich nach der Schule. Ich sag den Tutoren Bescheid."

Papst Franziskus ✔
@Pontifex_de
👤 Folgen

Als wahre Kinder Gottes zu leben bedeutet, den Nächsten zu lieben und dem nahe zu sein, der allein und in Schwierigkeiten ist.

1 Eine Geste sagt oft mehr als viele Worte.
- Erklärt die Bedeutung der Gesten auf dieser Seite.
- Führt einander weitere Gesten vor, mit denen wir Haltungen und Gefühle zum Ausdruck bringen können, und ratet, was sie bedeuten. Begründet: Warum spielen die Hände dabei eine so große Rolle?

2 Versetzt euch in die Lage einer Schülerin oder eines Schülers aus der Geschichte: Nach einem ereignisreichen Schultag kommt er oder sie nach Hause und berichtet den Eltern von der Idee für den Klassennachmittag. Schreibt einen Dialog, in dem er oder sie den Eltern erzählt, wie die Diskussion in der Klasse verlaufen ist.

3 Beurteilt die Art und Weise, wie die Klasse eine Entscheidung gefunden hat. Welche Tipps würdet ihr der Klasse geben, um einen gemeinsamen Klassennachmittag zu planen? Tauscht euch darüber aus.

4 Erstellt ein ▶ Schaubild mit Aufgaben und Tätigkeiten, die eine gute Klassengemeinschaft fördern. Diskutiert, wie jeder und jede Einzelne zum Gelingen eurer Klassengemeinschaft beitragen kann.

5 Auch Papst Franziskus twittert. Setzt euch mit seiner Aussage auseinander und besprecht, was sie für euren Alltag bedeuten könnte. Findet konkrete Beispiele.

So geht's
Diskussionen führen

Häufig kommt es bei Meinungsverschiedenheiten zu Konflikten, weil die Beteiligten einander nur Behauptungen oder Vorwürfe an den Kopf werfen. Eine Diskussion kann helfen, einander zu verstehen und einen gemeinsamen Entschluss zu finden, der von allen getragen wird. Wer diskutiert, kann andere Meinungen kennenlernen und durchdenken, aber auch seine eigenen Ideen erklären. Dies kann nur gelingen, wenn alle ihre Meinung sachlich äußern und begründen.

1 Sich eine eigene Meinung bilden

- Überlege dir zunächst, was deine eigene Lösung oder Meinung zum Thema ist. Du solltest selbst davon überzeugt sein und eine Meinung nicht nur vertreten, weil auch ein anderer so denkt.
- Überlege dir mindestens eine sinnvolle Begründung für deine Lösung oder Meinung: Warum denkst du so? Hast du schon einmal Erfahrungen gemacht, die deine Meinung unterstützen?
- Vielleicht fallen dir auch Beispiele ein, mit denen du anschaulich darstellen kannst, warum du so denkst. Solche Beispiele helfen dabei, die eigenen Argumente sachlich vorzutragen.

2 Miteinander diskutieren

- Stellt zu Beginn gemeinsame Gesprächsregeln auf, an die sich alle halten. Diese helfen, dass alle ihre Lösung oder Meinung vorstellen und die anderen der Diskussion gut folgen können.
- Es kann auch sinnvoll sein, jemanden aus eurer Klasse zu bestimmen, der die Diskussion leitet und auf die Einhaltung der Regeln achtet.
- Hört einander zu und versucht, die Position der anderen zu verstehen. Wenn ihr anderer Meinung seid, tragt dies ruhig und sachlich vor. Geht dabei auch auf die Position der anderen ein.

3 Ziel einer Diskussion

- Am Ende einer Diskussion können sich die Beteiligten manchmal, aber längst nicht immer auf eine Meinung oder Problemlösung einigen – z. B. wenn jemand sehr überzeugende Argumente oder eine besonders gute Idee hatte.
- Gelingt dies nicht, kann man versuchen, einen Kompromiss zu erzielen oder einen Mittelweg zu finden, mit dem alle Beteiligten leben können.
- Ist auch das nicht möglich, sollte man anderen keine Vorwürfe machen, sondern ihre abweichende Sichtweise respektieren.

---

1 Ihr seid nun schon einige Monate in einer Klasse.
- Vielleicht gab es in dieser Zeit Situationen, in denen eure Klassengemeinschaft auf die Probe gestellt wurde. Erzählt davon und von euren Lösungen.
- Würdet ihr rückblickend anders mit diesen Situationen umgehen? Tauscht euch darüber aus.

2 Diskutiert miteinander über Regeln für ein gutes Zusammenleben in der Religionsgruppe und über Ziele für eure Gruppe, die ihr bis zum Ende des Schuljahres erreichen möchtet.

3 Stellt euch vor, ihr organisiert einen „Sozialen Tag" am Schuljahresende für eure Jahrgangsstufe.
- Informiert euch im Internet über die Aktion „Sozialer Tag".
- Überlegt euch, welche Aufgaben zu verteilen sind.
- Diskutiert darüber, wer welche Rolle und welche Aufgabe beim „Sozialen Tag" übernehmen kann. Legt eine Tabelle an, in der ihr alle mit ihren Aufgaben aufführt.
- Diskutiert anschließend, welche Projekte ihr selbst beim „Sozialen Tag" umsetzen könntet, und trefft gemeinsam eine Entscheidung für ein Projekt, das ihr mit eurer Klasse übernehmen möchtet.

Jeder kann etwas beitragen

Die Welt endet nicht vor der eigenen Haustür. Über die Medien erfahren wir täglich von Not leidenden und hungernden Menschen. Viele Hilfswerke und Initiativen sammeln Spenden, um hilfsbedürftige Menschen zu unterstützen. Auch an vielen Schulen gibt es solche Projekte. So können Schülerinnen und Schüler ihre Fähigkeiten und Talente auf vielfältige Weise einbringen, um anderen zu helfen.

Da ist zum Beispiel Burkina Faso. Das westafrikanische Land zählt zu den ärmsten der Erde; nur ein Drittel aller Kinder können dort eine Schule besuchen. Allein schon Stifte und Papier zu kaufen, ist für viele Familien ein Problem. Viele Jungen und noch mehr Mädchen verlassen die Schule schon nach wenigen Jahren, weil sie arbeiten müssen, um zum Lebensunterhalt ihrer Familien beizutragen.

Hier muss etwas getan werden, sagte man sich am Gabriel-von-Seidl-Gymnasium in Bad Tölz und startete eine Spendenaktion. Inzwischen konnten durch das Engagement und die Hilfsbereitschaft der Schülerinnen und Schüler schon acht Grundschulen und eine weiterführende Schule in Burkina Faso gebaut werden; eine weitere Schule ist im Bau.

Jedes Jahr in der Adventszeit informieren sich die Schülerinnen und Schüler am Bad Tölzer Gymnasium in verschiedenen Fächern darüber, wie sich das Leben in Burkina Faso von ihrem eigenen unterscheidet. Das motiviert sie, selbst aktiv zu werden und einen kreativen Beitrag für den Weihnachtsbasar der Schule zu leisten. Manche spenden auch regelmäßig etwas von ihrem Taschengeld für die Schulaktion und bitten Freunde oder Verwandte, ebenfalls zu spenden.

In der Klasse 5a diskutieren die Schülerinnen und Schüler über den bevorstehenden Weihnachtsbasar:
„Hat jemand eine Idee, was wir anbieten könnten?"
„Wir könnten einen Kuchenstand machen. Anna kann doch so gut backen."
„Das machen bestimmt auch viele andere. Können wir nicht was Besonderes anbieten?"
„Ich hab auf einem Basar mal selbst genähte Stirnbänder und Schlüsselanhänger gesehen. Die sehen super aus und sind gar nicht schwer zu nähen!"
„Wir haben mehrere Nähmaschinen daheim. Meine Mama hat mir gezeigt, wie man damit umgeht. Die hilft uns bestimmt."
Einigen gefällt die Begeisterung der anderen überhaupt nicht. Sie schauen sich an und verdrehen die Augen.
„Echt jetzt? Muss das wirklich sein, dass wir da alle mitmachen?"
„Na ja, uns geht's doch gut. Wir könnten uns ruhig mal für andere engagieren."
„Wie meinst du das denn jetzt?"
„Wir sind doch mit allem gesegnet, was wir brauchen. Und was wir uns wünschen, kriegen wir zu Weihnachten geschenkt."
„Das stimmt überhaupt nicht! Seit Jahren wünsche

ich mir ein Smartphone, aber ich habe immer noch keins bekommen. Vielleicht dieses Jahr …"

„Aber die Kinder in Burkina Faso könnten auf deinem Smartphone noch nicht mal tippen. Ohne Schule können die nämlich überhaupt nicht lesen und schreiben!"

„Und schau mal, was unsere Schule dort schon alles erreicht hat. Da will ich auch mitmachen."

„Aber ich will trotzdem nicht nähen oder backen, das liegt mir einfach nicht."

„Gibt es denn nicht noch anderes, was wir zusammen hinkriegen?"

„Paul und ich sind handwerklich ganz geschickt. Wir haben zusammen schon tolle Sachen gebastelt."

„Ja, und bei uns daheim gibt es jede Menge Holz. Daraus könnten wir doch Sterne sägen. Und die Kreativen aus unserer Klasse malen die dann an."

„Dann fehlt uns ja nur noch jemand, der die Sachen auf dem Weihnachtsbasar verkauft."

„Das kriegen wir ja wohl hin!"

Die Segnung der Kinder

¹³ *Da brachte man Kinder zu ihm, damit er sie berühre. Die Jünger aber wiesen die Leute zurecht.* ¹⁴ *Als Jesus das sah, wurde er unwillig und sagte zu ihnen: Lasst die Kinder zu mir kommen; hindert sie nicht daran! Denn solchen wie ihnen gehört das Reich Gottes.* ¹⁵ *Amen, ich sage euch: Wer das Reich Gottes nicht so annimmt wie ein Kind, der wird nicht hineinkommen.* ¹⁶ *Und er nahm die Kinder in seine Arme; dann legte er ihnen die Hände auf und segnete sie.*
Mk 10,13–16

> ❯❯ *Wer aber selbst gesegnet wurde, der kann nicht mehr anders, als diesen Segen weitergeben, ja, er muss dort, wo er ist, ein Segen sein. Nur aus dem Unmöglichen kann die Welt erneuert werden; dieses Unmögliche ist der Segen Gottes.* ❮❮
> Dietrich Bonhoeffer

---

1 Vergleicht die Situation der Kinder in Burkina Faso mit eurer eigenen Situation. Nehmt dabei den Text und das Foto zur Hilfe.

2 Stell dir vor, ein Freund oder eine Freundin aus der Grundschule, die jetzt auf eine andere Schule gehen, haben vom Weihnachtsbasar an deiner Schule gehört. Schreibe ihnen und erkläre, warum sich so viele Schülerinnen und Schüler für das Schulprojekt engagieren. Beschreibe auch, was das Projekt innerhalb der Klassen- und Schulgemeinschaft bewirkt.

3 In der Erzählung von der Kindersegnung wollen die Jünger die Menschen mit den Kindern wegschicken.
  ▪ Erläutert das Handeln Jesu und das der Jünger. Euer Wissen zur Zeit und zum Leben Jesu (▶ S. 34 und ▶ S. 53) helfen euch dabei.
  ▪ Jesus sagt mit Blick auf die Kinder: „Solchen wie ihnen gehört das Reich Gottes." Formuliert Sätze mit „Kinder sind …", „Kinder können …" oder „Kinder haben …", die Jesu Aussage erklären.

4 Ein Schüler aus der Klasse 5a sagt: „Wir sind doch mit allem gesegnet, was wir brauchen." Ein anderer widerspricht. Wer hat recht? Nehmt ▶ Stellung zu den Aussagen der beiden Schüler.

5 Setzt euch mit dem Zitat von Dietrich Bonhoeffer auseinander:
  ▪ Stellt mithilfe einer kleinen Grafik dar, wie Segen wirkt.
  ▪ Beurteilt unter diesem Gesichtspunkt den Einsatz der Schülerinnen und Schüler für den Weihnachtsbasar.
  ▪ Findet weitere Beispiele aus eurem Alltag, wie Menschen heute im Sinne Jesu handeln und Segen weitergeben.

6 Auch ihr könnt euch mit eurer Klasse engagieren.
  ▪ Stellt fest, welche Begabungen in eurer Klasse vorhanden sind, und sammelt verschiedene Ideen.
  ▪ Plant gemeinsam, was zu tun ist – bei der Vorbereitung, der Durchführung und zum Abschluss eurer Aktion.

Zeige, was du kannst

Aufgabe A: Deine Hand in meiner Hand

Kanon ①.e · H⁷ · e · D · G
Dei - ne Hand in mei - ner Hand; echt, das find ich gut. Halt mich, gib mir

D · C · H · ②.e · H⁷
Si - cher - heit und zum Los - gehn Mut. Dei - ne Hand in mei - ner Hand;

e · D · G · D · C · H
echt, das find ich gut. Halt mich, gib mir Si - cher - heit und zum Los - gehn Mut.

Text: Eugen Eckert, 1998; Musik: Alejandro Veciana, 1998

1 Lies dir den Liedtext genau durch und vergleiche ihn mit der Kapitelüberschrift auf ▸ S. 78. Beschreibe Unterschiede und Gemeinsamkeiten in der Aussage.

2 Erarbeitet in Kleingruppen Bewegungen, mit denen ihr den Text des Kanons beim Singen begleiten könnt. Begründet, welche Bewegung gut passt.

Aufgabe B: Ich habe keine anderen Hände …

Im Zweiten Weltkrieg kletterte ein junger Soldat nach einer Bombennacht in den Überresten einer zerstörten Kirche herum. In den Trümmern entdeckte er ein Kruzifix, bei dem die Arme Jesu abgebrochen waren. Vorsichtig barg er es aus dem Schutt, setzte sich auf einen Trümmerhaufen und betrachtete es lange. Dann ritzte er mit einem Nagel in den Querbalken des Kreuzes die Worte: „ICH HABE KEINE ANDEREN HAENDE ALS DIE EUEREN".

1 Verfasse einen Tagebucheintrag aus der Sicht des Soldaten. Erkläre dabei, was er mit seinem Satz zum Ausdruck bringen wollte.

2 Sammelt in Partnerarbeit Vorschläge, was Menschen heute im Sinne Jesu tun können. Berücksichtigt dabei auch das Verhalten Jesu, das in ▸ Mk 10,13 – 16 beschrieben wird, als er die Kinder segnet.

Aufgabe C: Gott hören

▲ Toni Zenz, 1958

Der Philosoph Sören Kierkegaard beschreibt einen Menschen, der betet, folgendermaßen:

›› *Als sein Gebet immer andächtiger und innerlicher wurde, da hatte er immer weniger und weniger zu sagen; zuletzt wurde er ganz still. Er wurde still, ja, was womöglich ein noch größerer Gegensatz zum Reden ist, er wurde ein Hörer. Er meinte erst, beten sei reden; er lernte, dass beten nicht bloß schweigen ist, sondern hören. Und so ist es; beten heißt nicht, sich selbst reden hören, beten heißt stille werden und stille sein und harren, bis der Betende Gott hört.* ‹‹

1 In der Skulptur von Toni Zenz haben die Hände eine besondere Bedeutung.
   - Beschreibe die Skulptur. Gehe dabei auf die Haltung und Funktion der Hände ein.
   - Finde einen passenden Titel für die Skulptur.
   - Nimm anschließend selbst die Haltung der Figur ein. Unterhalte dich so mit einer Mitschülerin oder einem Mitschüler und beschreibe deinen Höreindruck.

2 Fasse zusammen, wie Sören Kierkegaard das Beten beschreibt. Schreibe dazu Sätze auf, die mit „Beten ist …" beginnen.

3 Finde zusammen mit einer Mitschülerin oder einem Mitschüler Situationen, in denen Menschen sich wünschen könnten, Gott zu hören.

4 Was kann es bedeuten, Gott zu hören? Ist das nur von Vorteil oder könnte es auch Nachteile haben? Schreibe eine Geschichte, in der du deine Gedanken zu diesen Fragen zum Ausdruck bringst.

5 Wenn du möchtest, beschreibe deine eigene Art zu beten in einem Tagebucheintrag.

5 Kirche bauen – Kirche sein

Sicher habt ihr schon einige Erfahrungen mit der Kirche gesammelt, z. B. in der Grundschulzeit, bei der Erstkommunion oder beim Gottesdienstbesuch mit der Familie. Habt ihr euch dabei auch schon einmal die Frage gestellt, wofür die Kirche eigentlich gut ist? Schon im 18. Jahrhundert hat der Dichter Gotthold Ephraim Lessing diese Frage gestellt und dazu folgende Fabel erzählt:

Die Sperlinge
Eine alte Kirche, welche den Sperlingen unzählige Nester gab, ward ausgebessert. Als sie nun in ihrem neuen Glanze dastand, kamen die Sperlinge wieder, ihre alten Wohnungen zu suchen. Allein sie fanden sie alle vermauert. „Zu was", schrien sie, „taugt denn nun das große Gebäude? Kommt, verlasst den unbrauchbaren Steinhaufen!"

Gotthold Ephraim Lessing

Wenn Gott im Himmel wohnt,
*   warum braucht es dann Kirchen auf Erden?*
Wenn Gott überall und nicht einzugrenzen ist,
*   warum bauen Menschen dann Kirchen?*
Wenn Gläubige an jedem Ort beten können,
*   warum gibt es dann einen kirchlichen Raum zum Beten?*
Wenn Gott immer und überall gelobt und verherrlicht werden kann,
*   warum beschränken wir dies dann auf die Kirche?*
Wenn Gläubige sich in Gottes Namen überall treffen können,
*   warum bauen sie dann große Hallen mit Türmen?*
Wenn Gott sich um jeden einzelnen Menschen kümmert,
*   warum sollen wir dann Kirche sein?*

---

1 Beantwortet die Frage der Sperlinge.

2 Sicher habt ihr zu den Fragen oben schon Antworten oder Vermutungen. Schreibt eure Überlegungen auf und tauscht euch darüber aus.

3 „Kirche bauen – Kirche sein": Im Titel dieses Kapitels steht zweimal das Wort „Kirche". Sammelt in einer ▶ Mindmap, was das Wort „Kirche" bedeuten kann. Nehmt dabei als Anregung auch den Cartoon „Kirche baut Kirche" zu Hilfe.

4 Das Bild links zeigt die Kuppel der Grabeskirche in ▶ Jerusalem mit der Grabeskapelle darunter.
  - Beschreibt das Bild sowie den Einfall des Lichts.
  - Habt ihr selbst schon einmal auf das Licht in einer Kirche geachtet? Erzählt von Erlebnissen mit Licht, Helligkeit und Farben, die ihr in verschiedenen Kirchen gemacht habt.

Netzkarte

Diese Doppelseite zeigt dir einen Weg durch das Kapitel. Die Bilder deuten an, auf welche Stationen du auf deiner Reise durch das Themenfeld „Kirche" treffen wirst.

„Kirche" bezeichnet einerseits das Gebäude, dem du begegnen und das du als Ort des Gottesdienstes wahrnehmen kannst. „Kirche" steht andererseits für die Gemeinde, die dich seit deiner Taufe auf unterschiedliche Weise anspricht und zu der du Stellung beziehst.

... in der Welt von heute

5 Kirche

... und als heiligen Raum erfahren

1 Gehe der Netzkarte nach.
- Suche die Bilder auf dieser Doppelseite im Kapitel. Damit kannst du dir einen ersten Überblick darüber verschaffen, was dich erwartet.
- Notiere dir für jede Station, welche Bedeutung von „Kirche" darin zum Ausdruck kommt.

2 Im Kasten auf der rechten Seite findest du eine Reihe von Fragen zum Thema Kirche.
- Welche Fragen interessieren dich mehr, welche weniger? Vielleicht fallen dir auch noch ganz andere Fragen im Zusammenhang mit Kirche ein.
- Tausche dich mit deinen Mitschülerinnen und Mitschülern darüber aus. Besprecht, welche Fragen ihr in welcher Reihenfolge klären wollt.

... aus lebendigen Steinen

... zu verschiedenen Zeiten

... mit Heiligen

Kirche sein –
Kirchen bauen ...

... und Gottesdienst feiern

- Seit wann gibt es überhaupt Kirchen und warum sehen sie so verschieden aus?
- Wodurch wird eine Kirche zu einem heiligen Raum?
- Welche Ausstattung besitzt eine katholische Kirche?
- Warum stehen in Kirchen Marienstatuen?
- Wie verhalten sich Gläubige in einer Kirche?
- Wie kann man eine Kirche erkunden?
- Welche Möglichkeiten gibt es für Kinder und Jugendliche, eine gute Zeit in der Kirche zu verbringen?

... und erkunden

Kirchen in der Welt von heute

1 Die Fotos zeigen Kirchen auf der ganzen Welt. Beschreibt einzelne Bauten und stellt Besonderheiten und Unterschiede heraus.

2 Wäre es nicht besser, wenn Kirchen überall gleich aussähen, damit sich Gläubige auf der ganzen Welt zu Hause fühlen könnten? Diskutiert diese Idee.

3 Vergleicht eure Kirche vor Ort mit weiteren Kirchen in der Nähe und mit den hier abgebildeten Kirchen.

4 Wohnt Gott in der Kirche? Eine Antwort lautet: Die Kirche ist nicht für Gott da, sondern für die Menschen. Lest ▸ Mt 18,20 und erklärt, wie Christinnen und Christen die Gegenwart Gottes erkennen.

5 Fertigt eine Skizze oder Beschreibung eines Kirchbaus an. Wählt eine Gestalt, die euch gefällt und die eurer Ansicht nach für die Feier eines Gottesdienstes gut geeignet ist.

Gotik – Kirchen aus Stein und Glas

Vor sechs- bis achthundert Jahren lebten die meisten Menschen in Mitteleuropa in kleinen Häusern aus Lehm oder Holz. Sie wurden von Krankheiten, Seuchen und immer wiederkehrenden Hungersnöten geplagt. Es gab nur wenige Städte, die auch nur ein paar Tausend Einwohner zählten. Die zahlreichen Burgen, die über das Land verstreut waren, boten zwar Schutz vor Angriffen, aber auch dort war das Leben hart.

Unter diesen Lebensbedingungen betonten viele Menschen die Größe und die Macht Gottes. Für sie thronte Gott im Himmel. Von dort brachte er Licht in die dunkle und karge Welt: Gottes Sohn hatte am Kreuz mit den Menschen gelitten, war gestorben und auferstanden. So war auch den Gläubigen, die ein gottgefälliges Leben zu führen versuchten, nach dem Tod ein himmlisches Leben im Paradies versprochen.

In den reichen Städten begannen die Einwohner, Kirchen zu bauen, die auf die himmlische Größe Gottes hinweisen sollten.

▲ *Außenansicht des Regensburger Doms*

▲ *Innenansicht des Regensburger Doms*

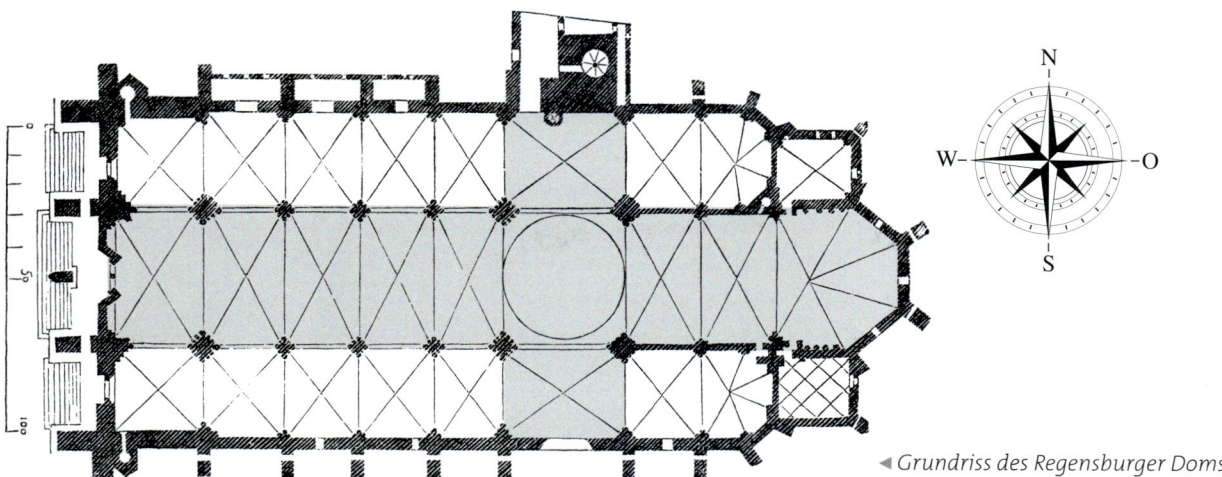

◄ *Grundriss des Regensburger Doms*

Für den Bau kamen nur die wertvollsten Materialien in Betracht: Steine mussten in mühsamer und langwieriger Handarbeit aus den Steinbrüchen herausgebrochen, in die Stadt transportiert und dort mit einfachen Werkzeugen bearbeitet werden. Noch seltener und teurer war Glas, das nur von ausgebildeten Handwerkern in einem aufwendigen Verfahren hergestellt werden konnte. Die Steine boten die Möglichkeit, eine große, hohe und stabile Kirche zu bauen; buntes Glas warf ein geheimnisvolles Licht in den Kirchenbau. Die neuen Kirchen bestanden aus so viel Glas und Licht wie möglich und so wenig Stein wie nötig. Sie zeigen den Gläubigen einen Raum, der ganz anders ist als alle bisher bekannten Gebäude.

Die Portale sind mit Skulpturen von biblischen Figuren und Heiligen geschmückt. Sie weisen die Menschen schon beim Eintritt in die Kirche darauf hin, dass sie nun einen heiligen Raum betreten. Beim Eintritt richtet sich der Blick nach oben und nach vorne: Oben umspannt ein Gewölbe den Raum, das an ein Himmelsgewölbe erinnert. Vorne steht der Altar, der von besonders vielen und großen Fenstern umgeben ist. Da der Altarraum meist nach Osten ausgerichtet ist, erstrahlt er morgens, wenn die Sonne aufgeht, heller als die restliche Kirche – und erinnert so an Jesus, der von sich gesagt hat: „Ich bin das Licht der Welt" (▸ Joh 8,12). Der Grundriss vieler ▸ gotischer Kirchen besitzt die

Form eines Kreuzes, da das Mittelschiff durch ein breites Querschiff gekreuzt wird (▸ S. 135). So trägt das Kreuz Christi das Himmelsgewölbe, also das versprochene himmlische Heil.

---

1 Der Regensburger ▸ Dom ist eine der bedeutendsten gotischen Kirchen in Süddeutschland. Beschreibt den Innenraum für jemanden, der den Dom nicht kennt. Der Text hilft euch dabei.

2 Zeichnet den kreuzförmigen Grundriss einer Kirche in euer Heft und fügt typische Ausstattungsgegenstände ein. Die vielen Bilder von Kirchen und ihren Innenräumen in diesem Kapitel können euch eine Hilfe sein.

3 Eine Kirche ist nicht nur ein Gebäude für die Gemeinde, sondern steckt auch voller Symbolik (▸ Symbol).

▪ Tragt mithilfe der Informationen auf dieser Doppelseite die Hinweise auf das Licht Gottes und den christlichen Glauben zusammen, die in einer gotischen Kirche stecken.

▪ Erklärt die Wirkung und die symbolische Aussage der Kirchtürme.

4 Es gibt spannende Bücher zur Bautechnik und zur Bedeutung von alten Kirchen. Sucht ein solches Buch in eurer Schulbibliothek und stellt es der Lerngruppe vor.

Tipp zu Aufgabe 4: Ihr könnt z. B. die Bücher „Sie bauten eine Kathedrale" von David Macaulay oder „Gottes Häuser" von Johann Hinrich Claussen vorstellen.

Barocke Kirchen – der Thronsaal Gottes

Es war eine Zeit der Gegensätze: Das Christentum war zerstritten. Protestanten und Katholiken standen sich unversöhnlich gegenüber. Nördlich der Alpen hatte das zum Dreißigjährige Krieg geführt (1618–1648), in dem ganze Landstriche verwüstet worden waren. Immer wieder brach die Pest aus, an der viele starben. Die Menschen hatten vor Augen, wie rasch vergänglich das Leben sein kann.

Gleichzeitig begann, von Italien ausgehend, eine rege Bautätigkeit. Prachtvolle Kirchen und Schlösser entstanden. Die Baumeister gestalteten große und helle Räume, die durch Statuen, vergoldete Gegenstände und viele Gemälde geschmückt waren. Man holte sich sozusagen ein Stück Himmel auf die Erde. In den Kirchen wurde der Altarraum besonders hervorgehoben, der wie der Thronsaal in einem Palast aussah. Außerdem wurden die Kirchen durch Deckengemälde verziert, die zeigen sollten, wie man sich das himmlische Leben bei Gott vorstellte. Mit all dieser Schönheit wollte man zeigen: Gott ist noch viel größer als alle Pracht dieser Erde.

▲ *Die Basilika Vierzehnheiligen*

▲ *Die Schutzengelkirche in Eichstätt*

▲ *Die Passauer Domorgel ist die größte Orgel Europas.*

Die Orgel gilt als „Königin der Instrumente" und ergänzt den prachtvollen Eindruck barocker Kirchen um das passende Hörerlebnis. Große Orgeln in barocken Kirchen besitzen viele Tausend Pfeifen – nur wenige davon sind beim Blick auf die Orgel sichtbar. Ein solches Klangerlebnis gab es damals nur in Kirchen.

▲ *Kaisersaal der Würzburger Residenz*

1 Der Gottesdienst in barocken Kirchen sollte alle Sinne ansprechen und hatte Ähnlichkeit mit einem bunten, feierlichen Theaterstück. Auch die Kirchen waren dafür geplant. Sucht auf dem Foto auf der linken Seite nach Elementen, die an ein Theater erinnern.

2 Zur Feier eines Gottesdienstes gehört Musik.
- Habt ihr eigene Erfahrungen mit Gesang und Musik im Gottesdienst gemacht, die euch beeindruckt haben? Berichtet einander davon.
- Erläutert mithilfe der Informationen auf dieser Seite, warum die Orgel gerade in barocken Kirchen ein wichtiges Ausstattungsmerkmal ist.

3 Stellt euch vor, ihr steht in der Eichstätter Schutzengelkirche (Foto auf der linken Seite) am Platz des Fotografen. Wohin wird euer Blick gelenkt? Begründet schriftlich, warum der Architekt den Raum so gestaltet hat, oder fertigt eine Skizze an, die die Blickführung verdeutlicht.

4 Ihr habt jetzt gotische (▶ S. 108) und barocke Kirchen kennengelernt.
- Vergleicht den Innenraum einer gotischen mit dem einer barocken Kirche, indem ihr Gemeinsamkeiten und Unterschiede (z. B. in einer Tabelle) benennt.
- Entscheidet und begründet, in welchem der beiden ▶ Kirchenräume ihr lieber Gottesdienst feiern würdet.

5 Das nebenstehende Bild zeigt einen großen Saal in einem Barockschloss. Solche Schlösser wurden im Auftrag von Fürsten und Königen gebaut.
- Vergleicht die Architektur und Ausstattung mit der einer Barockkirche und beschreibt Gemeinsamkeiten und Unterschiede.
- Stellt euch vor, ein Bauer und eine Bäuerin aus der damaligen Zeit verlassen ihren einfachen, kleinen Bauernhof. Zum ersten Mal in ihrem Leben betreten sie eine prachtvolle Barockkirche, danach den Saal eines barocken Schlosses. Anschließend unterhalten sie sich darüber, wie sie sich Gott und den König vorstellen. Entwerft das Gespräch, das die beiden führen.

Heilige und Kirchenpatrone

An den Außenfassaden mancher Kirchen, fast immer aber im Inneren, sind die Statuen von Heiligen zu sehen. In der Kirche fällt häufig die Statue der Maria auf.

Maria ist die Mutter von Jesus von Nazaret, der nach christlichem Glauben der Sohn Gottes ist. Deshalb wird sie als Mutter Gottes verehrt. In vielen Kirchen hat die Statue der Maria einen besonderen Platz:

- Sie kann in einer eigenen Kapelle oder in einem Seitenschiff (▶ S. 135) stehen.
- Häufig wird sie mit einem blauen Mantel und einem roten Kleid dargestellt. Der blaue Mantel zeigt sie als Königin des Himmels, das rote Kleid weist auf ihr Leben auf der Erde hin. Ihre Kleidung kann auch goldene Farbe haben, die als Farbe des Göttlichen gilt.
- In der Kirche ist die Statue der Maria entweder eine Einzelfigur oder Maria hält das Jesuskind auf dem Arm. Seltener ist sie mit dem Leichnam Jesu auf dem Schoß zu sehen, der vom Kreuz abgenommen wurde.

In manchen Kirchen findet sich noch eine zweite wichtige Statue. Sie stellt den Kirchenpatron dar: Jede

Die Ravensburger Schutzmantelmadonna ▶

katholische Kirche hat einen Namen. Dieser Name steht aber nur selten am Eingangsportal. Er ist an der Statue oder manchmal auch am Bild des Kirchenpatrons erkennbar ist. Da es sich um einen Heiligen oder eine Heilige handelt, feiert die Kirchengemeinde am Gedenktag ihres Patrons oder ihrer Patronin ein besonderes Fest, das Patrozinium.

1 Benennt den links abgebildeten Kirchenpatron, der in der Kirche von Inching im Landkreis Eichstätt zu sehen ist. Dann wisst ihr auch, wann dort das Patrozinium gefeiert wird. Wenn ihr den Heiligen nicht erkennt, könnt ihr in einem Heiligenlexikon nachschlagen.

2 Oben ist eine besondere Statue der Maria abgebildet, die sie als „Schutzmantelmadonna" mit einem großen Mantel zeigt. Betrachtet die Statue genau und beschreibt sie unter der Überschrift „Maria – Mutter der Kirche".

3 Wenn ihr eine Kirche erkundet (▶ S. 118): Achtet auf den Platz und beschreibt die Gestalt der Marienstatue.

4 Auch eure Pfarrkirche ist einem Patron geweiht. Sucht nach Hinweisen auf diesen Namen, z. B. nach Statuen und Bildern in der Kirche oder Hinweisen auf der Website der Pfarrei. Informiert euch dann gegenseitig.

Maria und die Kirchenpatrone sind Heilige. Wie werden Menschen zu Heiligen und was bedeutet „Heilig-Sein"? Barbara fragt ihre Patentante Teresa.

Barbara: Morgen habe ich Namenstag. Der 4. Dezember ist der Tag der heiligen Barbara (▶ S. 50). Wie wird man eigentlich heilig?

Teresa: Du gehörst schon zur Gemeinschaft der Heiligen.

Barbara: Ich und heilig? Das bin ich bestimmt nicht! Heilig sind doch nur die Menschen, deren Bilder in den Kirchen hängen. Ich bin weder besonders brav noch so richtig fromm, und gut in der Schule bin ich auch nur selten. Es gibt keinen Grund, weshalb ausgerechnet ich heilig sein sollte.

Teresa: Aber du bist getauft und von Gott geheiligt – wie alle, die in der Kirche getauft werden.

Barbara: Ich dachte immer, Heilige sind ganz besondere Menschen, die an einem bestimmten Tag verehrt werden?

Teresa: Das stimmt ja auch – vielleicht kann ich es dir mit einem Bild erklären: Durch deine Taufe stehst du am Anfang eines Weges, den du weitergehen kannst. So wie es in unserem Ort eine Hauptstraße gibt, so gibt es für die Getauften eine Straße der Heiligkeit.

Barbara: Das verstehe ich nicht. Führt diese Straße in die Kirche?

Teresa: So meine ich das nicht. Du kannst in deinem Leben auf verschiedenen Straßen gehen, zum Beispiel auf der Straße des Egoismus, der Hoffnungslosigkeit oder der Einsamkeit. Vielleicht siehst du dann nicht einmal, dass es in deinem Leben auch andere Straßen geben könnte. Durch die Taufe bietet dir Gott an, die Straße der Heiligkeit zu gehen, und begleitet dich dabei.

Barbara: Und wie wird man dann so richtig heilig – so wie die heilige Barbara?

Teresa: Wie die Straße aussieht, hat Gott den Menschen gesagt, und die haben es im Buch der Bücher aufgeschrieben. Die Straße der Heiligkeit ist breit, da kann man mal auf der linken Seite, mal auf der rechten Seite und dann wieder in der Mitte gehen.

Statue der heiligen Barbara in St. Peter, Straubing ▶

Wie du die Straße gehst, ist erst einmal deine Entscheidung. Und ob du dann so richtig heilig wirst, kann nur Gott entscheiden. Aber durch die Taufe hat er einen Anfang mit dir gemacht, und du kannst diesen Weg fortsetzen.

Barbara: Und manche Getaufte werden dann zu richtigen Heiligen?

Teresa: Ja, weil die Kirche die Gemeinschaft der Heiligen ist. Sie schaut sich den Weg einzelner Menschen an und sagt: Diese Barbara, diese Teresa ist die Straße der Heiligkeit zu ihrer Zeit in besonderer Weise gegangen. Das hält die Kirche dann durch die Heiligsprechung fest und erinnert jedes Jahr an einem bestimmten Tag daran.

Barbara: Heilig sein ist also nicht immer gleich?

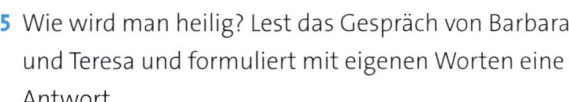

5 Wie wird man heilig? Lest das Gespräch von Barbara und Teresa und formuliert mit eigenen Worten eine Antwort.

6 Erzählt von einem Menschen, der eurer Ansicht nach schon eine Strecke auf der „Straße der Heiligkeit" zurückgelegt hat.

7 Die Skulptur oben stellt die heilige Barbara dar. Recherchiert in einem Heiligenlexikon oder im Internet, warum sie mit Turm dargestellt wird und welche weiteren ▶ Attribute ihr zugeordnet sind.

8 Auch manche eurer Vornamen beziehen sich auf einen Heiligen oder eine Heilige. Erzählt deren Geschichte, malt ein Bild dazu oder sucht nach Bräuchen, die mit diesen Heiligen verbunden sind.

Eine Kirche betreten und schauen

Es gibt Räume, die durch ihre Gestalt oder Funktion zu bestimmten Verhaltensweisen auffordern: In einer Turnhalle verhaltet ihr euch anders als zu Hause in der Küche. Umso mehr sind besondere Verhaltensweisen an Orten und in Räumen nötig, die der Verehrung Gottes gewidmet sind.

Eine Kirche ist ein Verbindungsraum zwischen „Himmel" und „Erde", zwischen Gott und den Menschen. Solche heiligen Räume, in denen die Menschen Verbindung zu Gott suchen, sind anders als die Räume, in denen wir wohnen, arbeiten oder essen. Dies zeigt sich schon beim Betreten. Für die Gebets- und Versammlungsräume der Religionen gelten bestimmte Regeln:

- So darf man eine Moschee nur ohne Schuhe betreten.
- In einer ▸ Synagoge tragen Männer eine Kopfbedeckung, die Kippa.
- In Kirchen wiederum ist es üblich, dass Männer ihre Kopfbedeckung abnehmen. Katholische Christen bekreuzigen sich mit Weihwasser.

In einem Kirchenraum zeigen Menschen durch ihr Verhalten und durch ihre Körperhaltung, wie sie auf die Einladung des Raumes zu Ruhe, Einkehr und Gebet reagieren. Denn auch wenn wir nicht sprechen, bringen wir mit unserem Körper etwas zum Ausdruck – z. B. mit einem Lächeln, weit ausgebreiteten Armen oder gefalteten Händen (▸ S. 90).

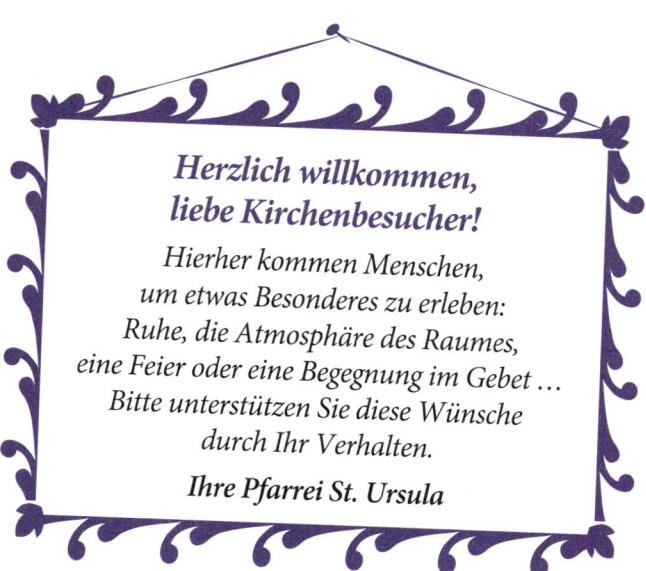

Herzlich willkommen,
liebe Kirchenbesucher!

Hierher kommen Menschen,
um etwas Besonderes zu erleben:
Ruhe, die Atmosphäre des Raumes,
eine Feier oder eine Begegnung im Gebet …
Bitte unterstützen Sie diese Wünsche
durch Ihr Verhalten.

Ihre Pfarrei St. Ursula

1 Beschreibt Orte und Gelegenheiten, bei denen sich Menschen auf besondere Weise verhalten. Sammelt die Situationen in einer Tabelle und ergänzt eine zweite Spalte mit den zugehörigen Verhaltensweisen. Fügt auch die Kirche als besonderen Ort hinzu.

2 „Wenn Menschen eine Kirche betreten, sollten sie lächeln und einen fröhlichen Gesichtsausdruck haben." Diskutiert, was für und was gegen diesen Vorschlag spricht.

3 Entwickelt in Arbeitsgruppen eine Szene zum Thema „Menschen in einer Kirche" und spielt euch eure Szenen gegenseitig vor. Zeigt unterschiedliche Verhaltensweisen, sodass eure Mitschülerinnen und Mitschüler diskutieren können, welches Verhalten zum Raum passt und welches nicht.

4 Der Willkommensgruß links hängt im Eingangsbereich von St. Ursula. Überlegt, was euch in der Kirche wichtig ist, und entwerft einen passenden Willkommensgruß.

Die Innenausstattung einer katholischen Kirche

Die Innenräume verschiedener Kirchen können ganz unterschiedlich aussehen, aber sieben Ausstattungselemente sind in jeder katholischen Kirche zu finden:

1 Hier werden im Wortgottesdienst die Lesungen, das ▸ Evangelium, die Predigt und die Fürbitten vorgetragen. Er erhält meist einen Platz in der Nähe des Altars.

2 An Ostern feiert die Kirche die Auferstehung Jesu Christi als das Licht, das die Finsternis des Todes überwindet. Dies zeigt ein Gegenstand, der in der Osterzeit in der Nähe des Altars steht. In der restlichen Zeit des Kirchenjahres befindet er sich in der Regel beim Taufbecken.

3 In jeder Kirche, in der Eucharistie gefeiert wird, ist er vorhanden. Er ist besonders verziert und erhält einen würdevollen Platz in der Nähe des Altarraums, weil die geweihten Hostien, der Leib Christi, darin aufbewahrt werden. In seiner Nähe brennt ein meist rotes Öllämpchen, das Ewige Licht.

4 Er steht meist frei und nimmt einen zentralen Platz im ▸ Kirchenraum ein, weil er der Tisch ist, an dem Eucharistie gefeiert wird.

5 Ein zentrales Symbol des Christentums hängt an der Wand oder ist auf einem Ständer befestigt. Es besitzt entweder die Gestalt eines menschlichen Körpers mit ausgebreiteten Armen oder besteht nur aus zwei rechtwinklig angeordneten Balken.

6 Sie befindet sich meist im rückwärtigen Bereich der Kirche, oft auf einer Empore. Mit ihren vielen Pfeifen, die über ein Gebläse zum Klingen gebracht werden, gestaltet sie den Gottesdienst mit.

7 Es befindet sich im Eingangsbereich, damit die Besucherinnen und Besucher das Betreten und Verlassen der Kirche bewusst vollziehen können.

1 Benennt die Ausstattungselemente und ordnet Text und Bilder einander zu.

2 Gestaltet ein ▸ Plakat, auf dem ihr die Bedeutung dieser Ausstattungselemente im Gottesdienst darstellt.

Gottes Gegenwart feiern

Eine Kerze ist erst einmal nur eine runde Wachsstange mit einem Docht darin – zur Kerze wird sie erst, wenn man sie anzündet. Ähnlich ist es mit den Gegenständen in einer Kirche: Sie erhalten ihre Bedeutung erst dadurch, dass die Gemeinde damit Gottesdienst feiert.

Wenn Priester und Gemeinde mit Gott in Verbindung treten, wird dies auch durch die Gegenstände in der Kirche und durch die Handlungen und Gesten der Feiernden zum Ausdruck gebracht. So wird z. B. der Tisch zum Altar und die brennende Kerze zum Zeichen für die Gegenwart Gottes. Wenn die Gemeinde im Gottesdienst kniet, erweisen die Gläubigen durch ihre Körperhaltung der Wandlung von Brot und Wein in Leib und Blut Christi die Ehre.

1 Sicher haben viele von euch schon eigene Erfahrungen mit Gottesdiensten gemacht.
- Erzählt eurer Banknachbarin oder eurem Banknachbarn von euren Erfahrungen: Was gefällt euch oder gefällt euch nicht? Was versteht ihr oder versteht ihr nicht? Die Bilder auf dieser Seite geben euch Anregungen dazu.
- Tauscht euch anschließend in der Lerngruppe darüber aus.

2 Stehen fühlt sich nicht nur anders an als sitzen, es hat auch eine andere Bedeutung (▶ S. 90).
- Probiert es aus, indem ihr euch bewusst für einige Minuten aufrecht hinstellt.
- Erläutert, warum die feiernde Gemeinde steht, wenn sie das ▶Evangelium hört oder das Vaterunser betet.

Die Eucharistie ist die zentrale Feier der Gemeinde und der gesamten Kirche. Hier ist Gott auf besondere Weise anwesend. Wie kann das sein, wenn Gott nicht unmittelbar sichtbar ist? Gott ist während des Gottesdienstes in bestimmten, immer wiederkehrenden Vorgängen und Gegenständen anwesend, die seine Nähe für die Gläubigen erfahrbar machen.

Das Wort der Bibel

Gott zeigt sich in den Texten der Bibel, weil wir darin erkennen, wie Gott ist und was Gott will. Deshalb werden in jedem Gottesdienst bestimmte Abschnitte aus der Bibel vorgelesen. Diese Texte sind in einem Buch für die einzelnen Gottesdienste geordnet, das Lektionar genannt wird. Häufig werden die Lesungen von einer Lektorin oder einem Lektor vorgetragen.

Brot und Wein

In der Feier der Eucharistie zeigt sich Gott in Brot und Wein. So wie Christus sein Leben hingibt, wird er selbst zum „Lebensmittel": Bei der Wandlung werden Brot und Wein zu Leib und Blut Christi und bleiben äußerlich doch Brot (bzw. Hostie) und Wein.

Darum sind der Kelch für den Wein und die Hostienschale die wichtigsten liturgischen „Geräte" bei der heiligen Messe. Sie sind meistens aus kostbarem Metall und innen vergoldet. Aus dieser Schale und dem Kelch empfangen die Gläubigen Leib und Blut Christi in den verwandelten Gaben von Brot und Wein. Besonders bei Gottesdiensten mit vielen Gläubigen wird aber darauf verzichtet, dass alle auch aus dem Kelch trinken.

Weil Gott sich im Brot der Hostie zeigt, kann er auch im verwandelten Brot angebetet werden. Dafür wird es zu bestimmten Zeiten in einer prachtvollen Monstranz ausgestellt und z. B. an Fronleichnam bei Prozessionen der Öffentlichkeit gezeigt.

3 Ihr habt euch (z. B. in Kapitel 3) schon Gedanken darüber gemacht, wer und wie Gott ist. Dies verbindet sich mit der Erfahrung, dass sich Gott in Zeichen zu erkennen gibt. Notiert euch Gründe, warum Menschen solche Zeichen brauchen. Tauscht euch in der Lerngruppe darüber aus.

4 Erstellt eine Liste mit ▶ liturgischen Gegenständen, die im Gottesdienst in der Kirche eine Rolle spielen. Erklärt einander in kleinen Gruppen reihum, an welcher Stelle des Gottesdienstes die Gegenstände vorkommen und was sie bedeuten.

So geht's
Kirchen erkunden

Eine Kirche ist ein Gotteshaus, in dem Menschen einzeln oder als Gemeinde beten, Gottesdienst feiern oder Gott suchen. Eure Kenntnisse aus diesem Kapitel helfen euch dabei, eine katholische Kirche zu erkunden.

Eine Kirche zu erkunden bedeutet mehr, als sie einfach nur aufzusuchen. Wer das Gebäude und seine Ausstattung versteht, kann es auch intensiver wahrnehmen und erfahren. Deshalb ist es sinnvoll, eine solche Exkursion im Unterricht vorzubereiten.

1 Vorbereitung

Bei der Vorbereitung eurer Erkundung helfen euch einige Vorüberlegungen:

- Verschafft euch einen Überblick über die folgenden Erkundungsschritte und entscheidet gemeinsam, ob und in welcher Reihenfolge ihr sie ausführen wollt.
- Teilt euch in Arbeitsgruppen auf, die einen oder mehrere Schritte vorbereiten. Während der Exkursion führt jede Gruppe ihre Erkundungsschritte mit der gesamten Lerngruppe – und vielleicht auch mit Gästen – durch.
- Sucht in eurer Arbeitsgruppe nach Informationen, um euren Erkundungsschritt zu gestalten. Neben dem Schulbuch und eurer Lehrerin, eurem Lehrer helfen euch dabei auch Lexika, gedruckte Führer oder das Internet.

2 Erkundungsschritte

A Benennt und erklärt äußere Baumerkmale.

- Entscheidet, von welcher Stelle aus ihr die Kirche am besten sehen könnt, auf welchem Weg ihr auf sie zugehen wollt, ob ihr sie umrunden könnt und Ähnliches.

▲ *Die Herz-Jesu-Kirche in München mit geöffnetem Portal. Aus dieser Kirche stammen die Abbildungen zur Innenausstattung auf ▶ S. 115.*

- Informiert eure Mitschülerinnen und Mitschüler über äußere Baumerkmale. Diese sind je nach ▶ Baustil sehr verschieden. Beschreibt auch die Lage der Kirche im Ort sowie ihre Umgebung.
- Vergleicht die Baumerkmale eurer Kirche mit anderen Kirchen, die ihr aus diesem Kapitel oder aus eigener Anschauung kennt.

B Bietet verschiedene Möglichkeiten an, der Kirche zu begegnen.

- Beachtet die Regeln, die ihr für das Verhalten in einer Kirche erarbeitet habt (▶ S. 114).
- Wenn es euch z. B. darauf ankommt, die Stille oder den Geruch in der Kirche wahrzunehmen, könnt ihr eure Mitschülerinnen und Mitschüler einzeln und mit verbundenen Augen hineinführen. Wollt ihr mehr mit den Augen entdecken, dann ladet sie zum Schauen ein.
- Gebt den Teilnehmerinnen und Teilnehmern eurer Erkundung Zeit, umherzugehen, Eindrücke zu

sammeln, Fragen zu notieren und besondere Einzelheiten zu entdecken. Je nach Ausstattung, Größe und Bauweise der Kirche könnt ihr z. B. dazu einladen, einen Grundriss zu zeichnen, Ausstattungselemente abzumalen, die Akustik mit einem gemeinsamen Lied oder Kanon zu testen, einen Lieblingsplatz im Raum zu suchen und dort ganz still zu werden.

- Regt sie dazu an, ihre Erfahrungen in einem kurzen Gedicht, einer kleinen Erzählung, einer Liedstrophe oder Ähnlichem auszudrücken.

C Plant ein Gespräch mit einer Person, die die Kirche gut kennt.

- Erkundigt euch z. B. auf der Internetseite der Pfarrgemeinde, zu der die Kirche gehört, wen ihr dazu einladen könnt, oder klärt, welche Person aus der Gemeinde dabei sein wird (z. B. Pfarrer, Mesnerin oder Organist).
- Besprecht untereinander und auch mit dieser Person, über welche Themen ihr während der Exkursion sprechen wollt: Wollt ihr etwas zur Geschichte der Kirche erfahren, zu den Einzelheiten ihrer Ausstattung oder darüber, wie in dieser Kirche Gottesdienste gefeiert werden?
- Sammelt Fragen für das Gespräch und schreibt sie auf.
- Hinweise, wie man ein Interview führt, findet ihr auch ▸ S. 126.

D Benennt und erklärt die Ausstattungselemente der Kirche.

- Sucht schon vor der Erkundung nach Besonderheiten dieser Kirche und klärt ihre Bedeutung. Hinweise dazu findet ihr auf ▸ S. 115.
- Berücksichtigt dabei auch, welche Aufgabe das betreffende Ausstattungselement im Gottesdienst oder während des Kirchenjahres hat.
- Vergleicht die Innenausstattung mit anderen Kirchen, die ihr kennt.

E Bereitet eine religiöse Feier vor.

Zum Abschluss der Exkursion könnt ihr mit eurer Lehrerin, eurem Lehrer eine kleine religiöse Feier durchführen. Ein Wortgottesdienst, eine Früh- oder Mittagsandacht setzen sich aus verschiedenen Elementen zusammen. Diese könnt ihr in eurer Arbeitsgruppe auswählen, vorbereiten und in eine passende Reihenfolge bringen:

- ein oder mehrere Lieder singen,
- ein Gebet oder Fürbitten sprechen,
- Stille halten,
- einen Text aus der Heiligen Schrift vortragen,
- eine kleine Aktion einbeziehen (z. B. ein Bild vorstellen, Musik hören, Kerzen entzünden),
- die Feier mit einem Segen beenden.

Im „Gotteslob" – das ist das Gesang- und Gebetbuch, das in katholischen Kirchen ausliegt – findet ihr auch Lieder für junge Menschen (z. B. Nr. 169, 453 oder 457), Gebete (z. B. Nr. 11,3 oder 15,1–4) und Segenstexte (Nr. 11,1–2).

F Dokumentiert eure Erkundung.

- Macht Fotos, auf denen ihr wichtige Einzelheiten und Stationen eurer Erkundung dokumentiert. Für das Fotografieren im Innenraum solltet ihr vorher um Erlaubnis bitten.
- Wenn ihr ein Gespräch mit eurem Gastgeber plant (▸ Schritt C): Überlegt euch, wie ihr die Ergebnisse des Gesprächs festhalten wollt.

3 Nachbereitung

Haltet die Eindrücke und Ergebnisse eurer Erkundung fest:

- Bildet Gruppen und gestaltet ▸ Plakate, die Informationen zur Kirche sowie eure eigenen Eindrücke zeigen. Verwendet dafür auch die Fotos von eurer Exkursion.
- Schreibt Berichte über die Erkundung oder über Einzelheiten daraus.

Kirche – ein Haus aus lebendigen Steinen

Noch vor wenigen Jahrzehnten hatte so gut wie jeder Ort und jeder Stadtteil, in dem katholische Christinnen und Christen lebten, eine eigene Pfarrgemeinde – mit einem Pfarrer und eigener Kirche. Mittlerweile ist das häufig anders: Mehrere Dörfer bilden einen Pfarrverband oder mehrere Kirchen einer Stadt werden von einem Priester betreut. Die Zahl der Gottesdienste hat ebenso abgenommen wie die Zahl der Gemeindemitglieder, und manche katholischen Christen wissen nicht einmal, zu welcher Pfarrgemeinde sie gehören. Aber trotz dieser Entwicklungen gibt es weiterhin viele Pfarrgemeinden, in denen katholische Christinnen und Christen verschiedene Aufgaben übernehmen. Sie bilden ein „geistiges Haus" aus „lebendigen Steinen", wie es im 1. Petrusbrief heißt (▶ 1 Petr 2,5).

Jugendgruppe · Kaplan · J-GCL · Erzieher/in · Organist/in · Mesner/in · KjG · Pfarrsekretär/in · Gemeindereferent/in · Kolpingfamilie · dpsg · Religionslehrer/in · Lektor/in · Altenpfleger/in · Pfarrer · Chor · Pfarrgemeinderat · KSJ

Ich gehe oft zu den alten und kranken Menschen in der Gemeinde. Sie freuen sich, wenn ich komme und ihnen zuhöre.

Ich bin gerne in der Ministrantengruppe. Am Sonntag werde ich wieder das Weihrauchfass schwingen.

Die Aufgaben einer Gemeinde lassen sich in vier unterschiedliche Bereiche aufteilen. Diese vier Bereiche entsprechen den Grundaufgaben der Kirche:

- *Liturgie* (▶ S. 136): Gottesdienst feiern
- *Diakonie* („Dienst"): für Kranke und Hilfsbedürftige da sein
- *Verkündigung*: den Glauben bezeugen
- *Gemeinschaft*: Leben gemeinsam gestalten

1 Ordnet alle auf dieser Seite genannten Mitarbeiterinnen und Mitarbeiter oder Gruppen einer oder mehreren der vier Aufgaben zu.

2 Erstellt eine Liste von Personen und Gruppen, die in eurer Pfarrgemeinde oder eurem Pfarrverband aktiv sind. Informationen erhaltet ihr durch Nachfragen, im Pfarrbrief oder auf der Website der Pfarrei.

3 Beschreibt das Foto. Erläutert: Was bedeutet es, dass sich die Personen in dieser Weise aufstellen?

Die Ministrantengruppe

▲ *Ministranten auf dem Katholikentag in Mannheim bei einer Prozession*

In vielen Gottesdiensten übernehmen die Mitglieder der Gemeinde verschiedene Aufgaben: Die Kirche muss für den Gottesdienst vorbereitet und geschmückt werden, es gibt Verantwortliche für die musikalische Gestaltung, andere tragen Texte vor. Die Ministrantinnen und Ministranten unterstützen den Priester beim Gottesdienst in besonderer Weise. Deshalb tragen sie ein ▸ liturgisches Gewand – entweder in den Farben des Kirchenjahres oder eine schlichte helle Kutte. Das Wort „Ministrant" kommt vom lateinischen *ministrare* (= helfen, dienen); sie werden darum auch Messdiener genannt. Ihre Aufgabe ist vor allem der Dienst am Altar: Sie bringen Brot und Wein bei der Gabenbereitung stellvertretend für die ganze Gemeinde zum Altar. Nach der Kommunion helfen sie bei der Reinigung von Kelch und Hostienschale und beim Abräumen des Altars. Sie tragen bei Prozessionen die Kerzen, das Kreuz und das Weihrauchfass. Ministrantinnen und Ministranten sind nicht nur beim Sonntagsgottesdienst und bei den kirchlichen Hochfesten im Einsatz, sondern wirken in vielen Pfarreien auch bei Hochzeiten, Taufen oder Begräbnissen mit. In Deutschland gibt es über 450 000 Ministrantinnen und Ministranten. Viele treffen sich als Jugendgruppe in der Gemeinde.

Jugendgruppen

Häufig treffen sich auch Kinder und Jugendliche, die keine bestimmte Aufgabe in der Gemeinde haben, in verschiedenen Gruppen, um

- Freizeit miteinander zu verbringen,
- gemeinsam an Gottesdiensten teilzunehmen,
- Projekte z. B. für Flüchtlinge, alte Menschen oder die Umwelt durchzuführen,
- füreinander da zu sein.

Manche dieser Gruppen sind Teil eines Jugendverbandes, den es in ganz Deutschland oder auch in anderen Ländern gibt. Dann können sich die Gruppen untereinander treffen, gemeinsam an Veranstaltungen teilnehmen oder miteinander Projekte durchführen. Solche Verbände sind z. B.:

 *Die Katholische junge Gemeinde (KjG) führt viele Projekte durch, in denen junge Menschen selbstständig Verantwortung übernehmen.*

 *Die Deutsche Pfadfinderschaft Sankt Georg (DPSG) führt naturverbundene Aktionen und gemeinsame Projekte durch.*

 *Die Katholische Studierende Jugend (KSJ) ist ein Verband für Schülerinnen und Schüler. Er setzt sich auf vielerlei Weise für Gerechtigkeit, Frieden und die Bewahrung der Schöpfung ein.*

 *In den Jugendverbänden der Gemeinschaft Christlichen Lebens (J-GCL) lernen Schülerinnen und Schüler, ihren persönlichen Glauben reflektiert zu leben sowie Verantwortung für sich und andere zu übernehmen.*

3 Wenn Ministrantinnen oder Ministranten in eurer Lerngruppe sind, können sie von ihrem Dienst und ihrer Motivation berichten. Erkundigt euch nach Einzelheiten.

4 Stellt euch gegenseitig Jugendgruppen oder Jugendverbände in der katholischen Kirche vor. Das Internet oder vielleicht auch Jugendliche aus eurer Gemeinde können euch dabei helfen.

Zeige, was du kannst

Aufgabe A: Rückblick auf das Kapitel

1 Du bist nun am Ende deiner Reise durch dieses Kapitel angelangt. Beantworte die Fragen auf ▸ S. 105.
2 Wenn du sie schon zu Beginn der Reise beantwortet hast, vergleiche die Antworten.
3 Trage die Unterschiede in einer Tabelle („Vorher – Nachher") zusammen und vergleiche deine Ergebnisse mit denen deiner Mitschülerinnen und Mitschüler.

Aufgabe B: Lebendige Steine

Im ▸ 1. Petrusbrief steht in Kapitel 2, Vers 5 die Aufforderung: „Lasst euch als lebendige Steine zu einem geistigen Haus aufbauen".
1 Schreibe eine Erklärung zu diesem Satz, in der du auf die gegenseitige Beziehung von „Kirche bauen" und „Kirche sein" eingehst.
2 Erkläre die nebenstehende Grafik und überlege, was es bedeutet, ein Stein im Haus der Kirche zu sein. Schreibe deine Ideen auf.

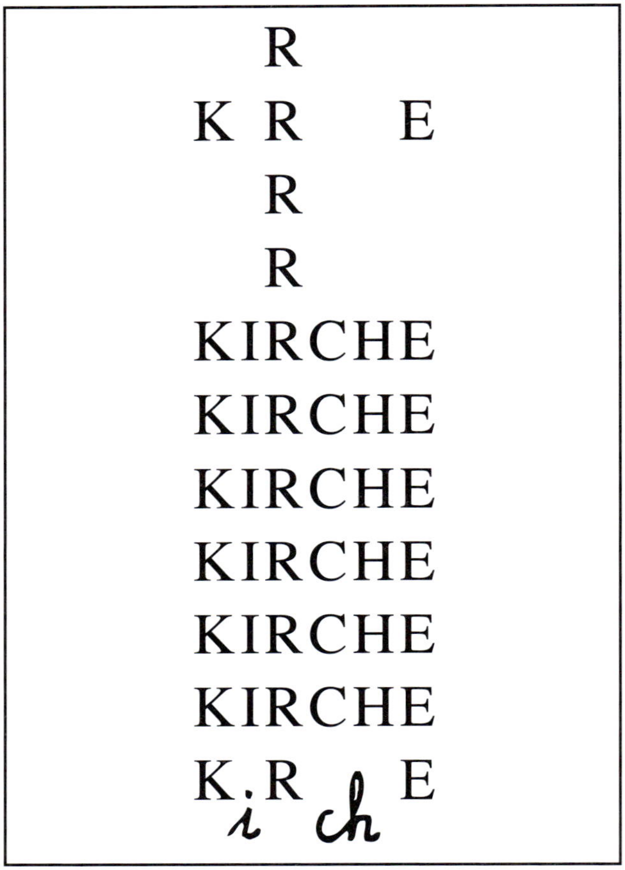

```
        R
  K     R        E
        R

        R
    KIRCHE
    KIRCHE
    KIRCHE
    KIRCHE
    KIRCHE
    KIRCHE
  K.R    E
   i ch
```

Aufgabe C: Ein Infoblatt gestalten

1 Entwerft gemeinsam ein Infoblatt über eure Kirche oder Gemeinde:
- entweder eines, auf dem ihr die Besonderheiten eurer Kirche für Besucherinnen und Besucher erklärt,
- oder eines, mit dem sich die Pfarrgemeinde einer neu zugezogenen Familie vorstellt.

Tipp: Berücksichtigt für euer Infoblatt die Regeln, die auch für ▸ Plakate gelten.

Das Kirchen-Würfelspiel

Mit diesem Würfelspiel, das ihr in Gruppen von jeweils vier bis sechs Spielerinnen und Spielern durchführen könnt, überprüft ihr eure Kenntnisse zum Thema Kirche und Kirchenbau.

Jede Gruppe benötigt diese Spielanleitung, einen Würfel und eine Liste mit den Namen der Gruppenmitglieder, auf der die Punkte eingetragen werden.

Spielregeln

- Wer die höchste Augenzahl hat, beginnt. Dann geht es im Uhrzeigersinn weiter.
- Wer würfelt, bestimmt mit der gewürfelten Augenzahl das Thema:

Augenzahl	Thema
1	Heilige
2	Baustile von Kirchen
3	Innenausstattung einer Kirche
4	Kirche als Gemeinde
5	Gottesdienst
6	*freie Themenwahl*

- Das Spiel geht über drei Runden:
1 In der ersten Runde macht der Spieler, der an der Reihe ist, jeweils eine Aussage aus dem Themengebiet, das der Würfel anzeigt. Würfelt jemand z. B. eine 3, kann er sagen: „Barocke Kirchen sind mit vergoldeten Gegenständen und vielen Bildern ausgestattet." Die Mitspieler stellen fest, ob der Satz stimmt. Ist dies der Fall, erhält der Spieler einen Punkt.

2 In der zweiten Runde sagt der Spieler, der an der Reihe ist, einen richtigen oder einen falschen Satz zum gewürfelten Thema. Sobald jemand aus der Gruppe weiß, ob der Satz richtig oder falsch ist, schlägt er mit dem Zeigefinger auf den Tisch und beurteilt den Satz mit einer Begründung. Hat er recht, erhalten beide einen Punkt; ist die Beurteilung falsch, erhält keiner einen Punkt.

3 In der dritten Runde stellt der Spieler, der an der Reihe ist, eine Frage zum gewürfelten Thema und bestimmt, wer die Frage beantworten soll. Ist die Antwort richtig, erhalten beide einen Punkt, ansonsten erhält keiner einen Punkt.

Hinweise

- Wer eine 6 würfelt, hat zwar freie Themenwahl, muss aber ein Thema aus dem Kapitel wählen. Dieses kann auch aus den Themengebieten stammen, die unter den Augenzahlen 1–5 aufgeführt sind.
- Die Aussagen, Sätze oder Fragen dürfen sich nicht wiederholen – jeder muss sich etwas Neues ausdenken!
- Ihr könnt auch eine Runde weglassen und dafür andere Runden mehrmals spielen.
- Das Spiel kann auch ohne Punktewertung gespielt werden.

Methoden

Anhang der Bibel benutzen

Im hinteren Teil der Bibel, dem Anhang, versteckt sich eine Fundgrube von Hilfen, wie man sich in dem dicken Buch zurechtfinden kann. Außerdem findet man viele Informationen über die Welt zur Zeit der Bibel. Am besten schaust du zunächst ins Inhaltsverzeichnis: Dort wird eine Übersicht über die einzelnen Teile des Anhangs gegeben.

Die neue Ausgabe der ▸ Einheitsübersetzung erklärt im Anhangs zunächst, was neu ist an der Ausgabe von 2016 und wer an der Übersetzung mitgearbeitet hat. Danach findest du folgende *Info-Teile*:

- Wenn du wissen willst, wie weit eine *Meile* oder ein *Stadion* (z. B. Lk 24,13) in antiker Zeit war oder wie viel Geld ein *Talent* (Mt 25,14ff.) oder eine *Drachme* (Lk 15,8) damals wert war, schlage das *Kapitel III: Maße, Gewichte und Münzen* auf.
- Über den jüdischen und römischen *Kalender, Zeiteinteilung und Festtage* informiert das *Kapitel IV*.
- Im *Kapitel V* findest du alle *Namen* (von Personen und Orten) und wichtige *Begriffe* alphabetisch sortiert. Wenn du z. B. unter „Bund" nachschaust, findest du alle Bibelstellen, in denen von einem Bund Gottes mit den Menschen die Rede ist.
- *Kapitel VI* stellt in einer historischen *Zeittafel* zusammen, was die Bibel erzählt und was sich in der Geschichte zur gleichen Zeit noch ereignete. Du kannst damit z. B. herausbekommen, wer im Land herrschte, als Jesus geboren wurde.
- *Kapitel VII* bietet mehrere *Landkarten*, damit du dich besser orientieren kannst, wo die biblischen Geschichten spielen.
- Das kurze *Kapitel VIII* ist wichtig zum Nachschlagen von Bibelstellen. Hier stehen nämlich nicht nur allgemeine Abkürzungen, sondern alle *Abkürzungen der biblischen Bücher*, sortiert nach der Reihenfolge im Alten und Neuen Testament.

Eine besondere Hilfestellung bieten in der Ausgabe des Katholischen Bibelwerks vier grau hinterlegte Schlussseiten (sie stehen nicht im Inhaltsverzeichnis). Sie haben die Überschrift *„Wer sucht, der findet" – Erste Einstiegshilfen zur Bibel*. Hier erfährst du, welche Bücher in evangelischen Bibelausgaben anders heißen. Du findet sogar die GPS-Daten biblischer Orte und bekommst Tipps, wo wichtige Geschichten der Bibel zu finden sind.

Bibelstellen nachschlagen

Die antiken Schriften kannten noch keine Einteilung der biblischen Bücher in einzelne Kapitel oder Verse. Es gab auch keine Überschriften. Der Text wurde ohne Unterbrechungen hintereinandergeschrieben; in vielen alten Handschriften waren nicht einmal die Wörter getrennt, sondern in fortlaufender Schrift aneinandergereiht.

Um eine bessere Übersicht über die biblischen Texte und Bücher zu gewinnen, hat man sich schon vor langer Zeit auf Einteilungshilfen geeinigt. So kann man sich auf den über tausend Druckseiten einer Bibelausgabe schnell zurechtfinden und rasch eine bestimmte Stelle in der Bibel aufschlagen.

Wie du diese Einteilungshilfe entschlüsseln und die entsprechende Bibelstelle finden kannst, wird hier am Beispiel von ▸ Lk 9,1–6 erklärt.

Lk 9,1–6:

- „Lk" ist die Abkürzung für den *Namen* des biblischen Buches: Lk = Evangelium nach Lukas
- Dann folgt eine Zahl, die das *Kapitel* des Buches angibt: „Lk 9" = 9. Kapitel im Evangelium nach Lukas.
- Dann folgt ein Komma, nach dem die *Verse* angegeben werden, hier also Verse 1–6.
- Gelesen wird die Abkürzung „Lk 9,1–6" folgendermaßen: „Evangelium nach Lukas, neuntes Kapitel, Verse eins bis sechs".

- In vielen Bibelausgaben findet sich der **Name** des biblischen Buches in der Kopfzeile jeder Seite gedruckt.
- Jede in sich geschlossene Erzählung oder jeder Textabschnitt des biblischen Buches trägt eine fett gedruckte **Überschrift**.
- Ein biblisches Buch ist in **Kapitel** gegliedert. Das sind die groß gedruckten Zahlen innerhalb des biblischen Textes.
- Die einzelnen Sätze innerhalb eines Kapitels bekommen hochgestellte Ziffern zu Beginn eines jeden Satzes und werden **Verse** genannt.
- Am Ende oder am Rand jeder Erzählung bzw. jedes Textabschnittes finden sich **Querverweise** zu parallelen Textstellen oder zu anderen Textstellen der Bibel, die mit diesem Text in Zusammenhang stehen.

Hier heißt das konkret: Die Verse 1–6 gibt es so ähnlich auch bei Matthäus (Mt) und Markus (Mk). Außerdem gibt es für die Verse 1–6 auch eine thematisch verwandte Stelle bei Lukas selbst, nämlich in Kapitel 10, Verse 1–12. Für Vers 3 gibt es ebenfalls eine verwandte Stelle bei Lukas, nämlich in Lk 22,35.

LUKAS

Die Aussendung der zwölf Jünger: 9,1–6

9 ¹Dann rief er die Zwölf zu sich und gab ihnen Kraft und Vollmacht über alle Dämonen und um Krankheiten zu heilen. ²Und er sandte sie aus, das Reich Gottes zu verkünden und die Kranken gesund zu machen. ³Er sagte zu ihnen: Nehmt nichts mit auf den Weg, keinen Wanderstab und keine Vorratstasche, kein Brot, kein Geld und kein zweites Hemd! ⁴Bleibt in dem Haus, in dem ihr einkehrt, bis ihr den Ort wieder verlasst! ⁵Wenn euch aber die Leute nicht aufnehmen, dann geht weg aus jener Stadt und schüttelt den Staub von euren Füßen, zum Zeugnis gegen sie! ⁶Die Zwölf machten sich auf den Weg und wanderten von Dorf zu Dorf. Sie verkündeten das Evangelium und heilten überall.

1–6 || Mt 10,1.5–14; Mk 6,7–13 / 1–6: 10,1–12 / 3: 22,35

Tipp:
- Um herauszufinden, um welches biblische Buch es sich handelt, findest du im Anhang am Ende einer Bibelausgabe die *Abkürzungen der biblischen Bücher*. Mithilfe dieser Liste kannst du die Abkürzung für ein biblisches Buch „entziffern".
- Wenn du die Abkürzung entziffert hast, gibt dir das *Inhaltsverzeichnis* einen Überblick über die Reihenfolge der biblischen Bücher. Bei manchen Bibelausgaben steht das Inhaltsverzeichnis am Anfang, bei anderen am Ende des Buches.
- Im Inhaltsverzeichnis findest du auch die *Seitenangaben* für die biblischen Bücher. Beachte, dass die Seitenzählung bei den Büchern des Neuen Testaments in manchen Bibelausgaben wieder mit Seite 1 beginnt.

- Nun kannst du den Anfang des Buchs aufschlagen, dann zum gewünschten Kapitel blättern und dort den gesuchten Vers finden.

Bilder erschließen (▶ S. 45)

Bildershows vorbereiten
- Sucht im Internet, in Büchern oder Fotosammlungen erst einmal möglichst viele Bilder zum Thema (z. B. Jerusalem), aus denen ihr dann eine Auswahl treffen könnt.
- Wählt die Bilder aus, die mit Blick auf euer Thema interessante Motive, Perspektiven oder Details zeigen. Achtet darauf, dass ihr möglichst unterschiedliche Motive wählt (z. B. einen Grundriss der Altstadt, eine Luftaufnahme, je ein Bild

von der Geburtskirche, vom Felsendom, von der Klagemauer …).

- Bei der ▸ Präsentation eurer Bildershow solltet ihr jedes Bild kurz erläutern und auf Besonderheiten hinweisen. Zur Vorbereitung und als Gedächtnisstütze könnt ihr euch Stichwörter auf Karteikärtchen schreiben.
- Klärt anschließend, wie ihr die Bilder präsentieren könnt: Ist ein Beamer oder eine Dokumentenkamera vorhanden? Braucht ihr ein Tablet oder Laptop oder genügt ein USB-Stick?
- Wenn ihr die Bildershow in einer Arbeitsgruppe vorbereitet, solltet ihr klären, wer was sagt. Führt vorher eine Probe durch und klärt dabei auch die technischen Fragen. Achtet darauf, dass alle die Bilder gut sehen können.

Diskussionen führen (▸ S. 97)

Gebete formulieren (▸ S. 95)

Gottesdienste vorbereiten

Christinnen und Christen feiern unterschiedliche Arten von Gottesdiensten. Für die katholische Eucharistiefeier z. B. benötigt die versammelte Gemeinde einen Priester. Diese Anleitung für die Vorbereitung und Durchführung eines Gottesdienstes bezieht sich auf eine Form, die ihr in eurer Klasse bzw. Religionsgruppe oder in einer anderen Gemeinschaft ohne Priester feiern könnt. Sie wird als *Wortgottesdienst* oder *Andacht* bezeichnet.

- Ihr benötigt einen geeigneten Raum, z. B. euer Klassenzimmer, den Religions- oder Meditationsraum der Schule oder vielleicht eine Kirche oder Kapelle in der Nähe eurer Schule. Euren Klassen- oder Religionsraum richtet ihr so her, dass alle Teilnehmerinnen und Teilnehmer gut mitfeiern können und keine Tische oder andere Gegenstände den Ablauf des Gottesdienstes stören.
- Es ist sinnvoll, wenn euer Gottesdienst eine Überschrift oder ein Thema hat. Er kann sich z. B. auf den Religionsunterricht, ein Ereignis in der Schule, das (Kirchen-)Jahr oder auf ein Thema beziehen, das euch für euren Gottesdienst geeignet erscheint.
- Ein Gottesdienst besteht aus verschiedenen Elementen. Wählt die passenden Elemente aus und legt eine Reihenfolge für die einzelnen Teile fest: Begrüßung, Musik und gemeinsames Singen, ein Text aus der Heiligen Schrift, Gebet und Stille, Schlusssegen. Ihr könnt auch eine kleine Aktion planen, in der ihr gemeinsam etwas erzählt, vorstellt oder aufführt. Im Gotteslob – so heißt das Gesang- und Gebetbuch der katholischen Kirche – findet ihr viele Anregungen für Texte, Gebete und Lieder.
- Wenn ihr einen Raum und ein Thema gewählt habt, bereitet den Gottesdienst in kleinen Gruppen vor, z. B. in einer Musik-, Gebets-, Text- und Aktionsgruppe.

Die Stimmung einer solchen Feier, die ungefähr 15–30 Minuten dauert, kann ruhig und nachdenklich, fröhlich und bewegt oder eine Mischung aus vielem sein. Dabei ist es wichtig, dass die Teilnahme am Gottesdienst immer freiwillig ist.

Interviews führen

- Wählt einen oder mehrere Gesprächspartner aus, von denen ihr euch interessante Antworten versprecht. Vereinbart einen Termin und die Art und Weise des Interviews. Möglich ist ein persönliches Gespräch, ein Telefoninterview, ein Chat oder ein schriftliches Interview z. B. per E-Mail.
- Bereitet die Fragen, die ihr stellen wollt, auf jeden Fall schriftlich vor. Legt auch die Reihenfolge der Fragen vorher fest, z. B. Fragen zur Person, Fragen zu bestimmten Themen, Schlussfrage.
- Wenn das Interview nicht schriftlich geführt wird, müsst ihr die Antworten sinnvoll festhalten. Entweder notiert ihr euch Stichwörter oder ihr nehmt das Gespräch als Audiodatei auf. Wichtig: Vor der Aufzeichnung müsst ihr euren Interviewpartner um sein Einverständnis bitten! Dazu muss er oder sie auch wissen, wofür ihr das Interview verwenden wollt.

- Vergesst nicht, euch bei eurem Interviewpartner am Ende für das Gespräch zu bedanken.
- Wenn ihr euer Interview später präsentiert, müsst ihr es eventuell aufbereiten, weil für eure Zuhörerinnen und Zuhörer nur bestimmte Aussagen von Interesse sind. Für die Bearbeitung von Audiodateien gibt es kostenlose Computerprogramme, die teilweise recht einfach zu handhaben sind. Wichtig: Bei der Bearbeitung dürfen keine Aussagen verfälscht werden!

Kirchen erkunden (▶ S. 118)

Lapbook erstellen

Ein Lapbook ist ein kleines „Klappbuch". Mit einem Lapbook könnt ihr die Arbeitsergebnisse zu einem Thema kreativ gestalten und in einer aufklappbaren Mappe sammeln:

- Ihr braucht zunächst farbiges Kartonpapier im Format DIN A3. Nehmt es im Querformat, faltet es in der Mitte und klappt es wieder auf. Faltet beide Enden bis zur gefalteten Mittellinie und klappt es wieder auf. Das ist die Grundausstattung für eurer Lapbook.
- Auf der Außenseite soll das Thema gut erkennbar sein. Schreibt mit großer Schrift, verziert sie oder verwendet einladende Bilder.
- Die Innenseiten gestaltet ihr kreativ mit allem, was ihr zum Thema finden könnt: Bilder, Geschichten, Gedichte, Zeitungsartikel usw. Klebt das Material auf Klappkärtchen, sammelt es in Briefumschlägen oder gestaltet Minibücher usw. Hier ist all eure Fantasie gefragt.

Mindmaps erstellen

Eine Mindmap dient dazu, die Gedanken oder Ergebnisse zu einem Thema in einer Art „Gedankenkarte" zu sammeln und zu ordnen.

- Schreibt dazu das Thema als Stichwort in die Mitte.
- Sammelt dann alle möglichen Begriffe und Gedanken, die euch dazu einfallen.
- Sucht passende Oberbegriffe für eure Ideensammlung. Diese Oberbegriffe schreibt ihr rund um das zentrale Stichwort in der Mitte und verbindet sie durch Linien mit dem Mittelpunkt. Das sind die „Hauptäste".
- Ordnet eure übrigen Stichwörter den Oberbegriffen zu und verbindet Stichwörter und Oberbegriffe mit „Nebenästen".
- Dabei könnt ihr passende Begriffe wieder unter einen Oberbegriff bündeln und eure Karte so immer weiter „verästeln".

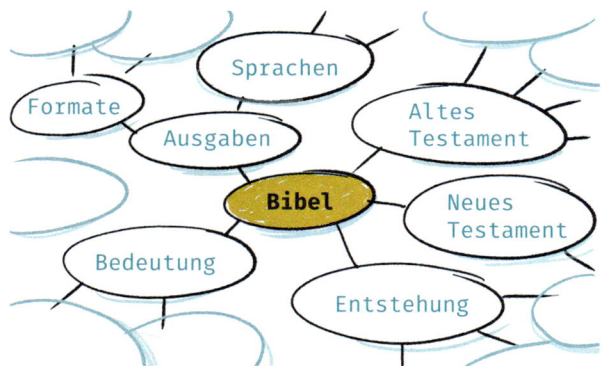

▲ Beispiel-Mindmap zum Thema Bibel

Placemat-Methode

Die Placemat-Methode ist ein ▶ Schreibgespräch in Vierergruppen. Auf dem Tisch liegt ein großes Blatt mit einem Feld in der Mitte und vier Feldern drumherum. Nun schreibt jeder einen Kommentar zum Thema oder zur Aufgabenstellung in „sein" Feld. Dann wird das Blatt gedreht, sodass jeder das nächste Feld erhält. Wenn in allen Feldern vier Kommentare stehen, fasst die Gruppe ihre Ergebnisse zusammen und schreibt sie in das mittlere Feld.

Plakate gestalten

Ergebnisse können auf einem Plakat festgehalten werden, um sie für alle sichtbar auszustellen.

- Wählt ein festes Papier in passender Größe – mindestens Zeichenblockgröße (DIN-A3) – aus. Nehmt keine zu dunkle Farbe, sonst ist euer Plakat nicht gut lesbar.
- Notiert darauf an zentraler Stelle das Thema.
- Überlegt, welche Inhalte ihr auf dem Plakat festhalten möchtet.
- Entwickelt eine Idee, wie ihr Text und Bilder übersichtlich auf dem Plakat anordnen könnt. Beachtet: Wenn ein Plakat an der Wand hängt, soll es auch noch aus einiger Entfernung einprägsam wirken. Deshalb sollte es nicht zu viel Text, sondern auch Bilder und Symbole enthalten.
- Gestaltet euer Plakat mit großer, lesbarer Schrift und gut erkennbaren Bildern. Besonders schön wird es, wenn ihr sauber arbeitet und für die Linien ein Lineal verwendet.

Präsentationen erstellen

Eine Präsentation zu einem Thema umfasst einen Vortrag, der durch weitere Materialien wie Bilder, Fotos, Grafiken, Lieder oder Filmausschnitte veranschaulicht wird.

- Sucht in Büchern oder dem Internet nach Informationen und weiterem Material. Fragt auch eure Lehrkraft nach passenden Quellen.
- Wählt aus euren Ergebnissen die wichtigsten aus und sortiert sie. Entwickelt daraus eine Gliederung, also eine verständliche Anordnung all eurer Informationen.
- Entscheidet euch, mit welchen Medien ihr euren Mitschülerinnen und Mitschülern die Ergebnisse vorstellen wollt. Ihr könnt ein Präsentationsprogramm auf dem Computer verwenden, in das ihr Text und Bilder einfügen könnt. Wenn ihr diese Präsentation auf Stick, Tablet oder Laptop mitbringt, könnt ihr sie mit einem Beamer ver-

binden und begleitend zu eurem Vortrag zeigen. Ihr könnt aber auch Overheadfolien vorbereiten und während der Präsentation projizieren. Sprecht das auf jeden Fall frühzeitig mit eurer Lehrkraft ab.

- Notiert auf den Folien nur die wichtigsten Stichwörter, denn sie sollen euren Vortrag nicht ersetzen, sondern veranschaulichen. Wenn ihr nur projizierten Text vorlest, ist das für eure Mitschülerinnen und Mitschüler schnell langweilig. Verwendet deshalb lieber aussagekräftige Bilder und Grafiken oder gestaltet ▶ Schaubilder.
- Wenn ihr die Präsentation in einer Arbeitsgruppe vorbereitet, solltet ihr klären, wer was sagt. Bereitet euren mündlichen Vortrag auf Stichwortkarten vor und druckt die Präsentation aus, damit ihr euch beim Sprechen nicht immer wieder zur Projektionsfläche umdrehen müsst, sondern den Zuhörern zuwenden könnt.
- Führt vorher eine Probe durch, damit das Zusammenspiel von Vortrag und Präsentation klappt. Klärt dabei auch die technischen Fragen und achtet darauf, dass alle Zuhörerinnen und Zuhörer die Präsentation gut sehen können.
- Sprecht möglichst frei und lest nicht einfach vorformulierte Stichwörter oder Sätze vom Blatt ab. Am Ende solltet ihr auch erklären, welches Material ihr für die Präsentation verwendet habt.

Schaubilder erstellen

Manche Ergebnisse lassen sich übersichtlicher und einprägsamer in einem Schaubild ausdrücken als in einem Text. Auch ist es möglich, einen Text in ein Schaubild umzuwandeln, um seine Kernpunkte darzustellen. Ein Schaubild eignet sich darum auch gut für eine ▶ Präsentation.

- Formuliert aussagekräftige Stichpunkte zu eurem Thema.
- Bringt die Stichpunkte optisch und grafisch in einen Zusammenhang. Verbindet z. B. Zusammengehöriges, indem ihr es mit Linien verknüpft,

in gleicher Farbe umrandet oder enger nebeneinanderschreibt. Gegensätze lassen sich durch Gegensatzpfeile, verschiedene Farben oder entferntere Anordnung ausdrücken.

Schreibgespräche führen

Diese Methode wird in Arbeitsgruppen mit jeweils 4–6 Teilnehmerinnen und Teilnehmern durchgeführt.

- Jeder schreibt einen Kommentar zum Thema oder zur Aufgabenstellung auf ein Blatt Papier.
- Dann wird das Blatt weitergereicht und der/die Nächste ergänzt einen Kommentar. Dieser kann sich auf das Thema oder auf den Kommentar des Vorgängers beziehen (keine persönlichen oder abwertenden Kommentare!).
- Danach wird das Blatt weitergereicht und ein weiterer Kommentar ergänzt.
- Nach einer vorgegebenen Anzahl von Runden werden die „Gespräche" beendete und ausgewertet.

Sprachbilder deuten (▶ S. 15)

Standbilder bauen

Ein Standbild ist wie ein „eingefrorenes" Bild aus einem Theaterstück. Es soll ohne Text oder Geräusche allein durch die Körpersprache wirken. An einem Standbild sind meist mehrere Personen beteiligt.

- Entscheidet gemeinsam über ein aussagekräftiges „Bild", das ihr mit euren Körpern darstellen wollt.
- Sucht euch einen geeigneten Platz, um den Aufbau eures Standbildes zu proben. Achtet dabei auf eine ausdrucksstarke Körperhaltung und den passenden Gesichtsausdruck. Vielleicht kann eine Person aus eurer Gruppe „Baumeister/in" sein, also das entstandene Bild kritisch betrachten und Details verbessern. Wenn ihr mit eurem Standbild zufrieden seid, könnt ihr es der Lerngruppe präsentieren.
- Verharrt bei der Präsentation mindestens 30 Sekunden lang in eurer Position, damit die Zuschauerinnen und Zuschauer das Standbild gut wahrnehmen

können. Bleibt dabei ernst und vermeidet Kichern oder Schwätzen.

Variante: Wenn das Thema feststeht, könnt ihr euer Standbild auch ganz ohne Worte bauen. Der Baumeister bzw. die Baumeisterin führt die anderen an ihren Platz und „dirigiert" sie nur durch Gesten und Bewegungen an die Position, in der sie stehen bleiben sollen.

Steckbriefe erstellen

Ein Steckbrief stellt eine Person aus Geschichte oder Gegenwart in knapper Form vor.

- Sammelt Informationen zur Person, um die es geht, und ordnet sie nach folgenden Aspekten, die üblicherweise in einem Steckbrief vorkommen: Name, Alter, Herkunft, Aussehen, Bedeutung, evtl. Hobbys/Beruf/Fähigkeiten, besondere Merkmale. Vielleicht findet ihr auch ein Bild der vorgestellten Person.
- Formuliert den Steckbrief, indem ihr eure Ergebnisse übersichtlich in Stichpunkten auf einem Blatt festhaltet. Klebt oder zeichnet ein passendes Bild dazu.

Stellung nehmen

Zu einer Streitfrage kann es verschiedene Meinungen geben.

- Überlege dir, wie du zu der Streitfrage stehst, und suche Gründe für deine Meinung.
- Formuliere deine Meinung und begründe sie. Dabei solltest du den wichtigsten Grund zuerst nennen, unwichtige Gründe zuletzt.
- Mit einem Beispiel oder einem „Beweis" kannst du deine Gründe noch überzeugender ausdrücken.
- Auf diese Weise kannst du dich in ▶ Diskussionen gut einbringen.

Symbole erschließen (▶ S. 59)

Lexikon

Attribut (lat. *attribuere* = zuteilen)
Bei künstlerischen Darstellungen von bestimmten Personen wird diesen oft ein Gegenstand zugeordnet, der die entsprechende Person kennzeichnet. Bei Heiligen beziehen sich die Attribute häufig auf die Art des Todes oder auf wichtige Ereignisse aus der Lebensgeschichte bzw. den Heiligenlegenden.

Augustus

Der spätere Kaiser Augustus wurde 63 v. Chr. als Gaius Octavius in Rom geboren. Als Großneffe von Julius Cäsar wurde er nach dessen Tod 44 v. Chr. testamentarisch adoptiert und Cäsars Haupterbe. Von da an setzte sich Octavius im Kampf um die Macht im ▶ Römischen Reich mit militärischen Siegen gegen seine Konkurrenten durch. Mit seiner Alleinherrschaft im Jahr 27 v. Chr. gelang es ihm, die jahrzehntelangen Bürgerkriege im Reich zu beenden. Der römische Senat verlieh ihm dafür den Ehrentitel „Augustus" (= der Erhabene). In vielen Provinzen kehrte wieder Sicherheit und Wohlstand ein, Bauprojekte wurden vorangetrieben, Kultur und auch die römische Religion bekamen neuen Auftrieb. Augustus wurde als „oberster Priester" und „erster Bürger" (lat. *princeps*) verehrt. Dadurch wandelte sich das Römische Reich von einer Republik, in der die Regierung vom Volk gewählt wird, in ein „Prinzipat" mit

▲ Augustus-Statue in Rom (nach einem Vorbild aus dem 1. Jahrhundert n. Chr.)

einem Kaiser an der Spitze. Kurz nach seinem Tod im Jahr 14 n. Chr. wurde Augustus vom Senat zum staatlich anerkannten Gott erklärt.

Barock ▶ Baustile

Außen- und Innenansicht einer antiken Basilika ▶

Baustile

Das ungefähre Alter einer Kirche kann man an ihrem Baustil erkennen, denn zu verschiedenen Zeiten wurden Kirchen in Europa in unterschiedlichen Stilen gebaut. Diese weisen jeweils bestimmte Merkmale auf. Hier einige Beispiele:

Antike: Die ersten repräsentativen Kirchen wurden im 4. Jahrhundert n. Chr. errichtet, als das Christentum die offizielle Religion für alle Menschen im ▶ Römischen Reich geworden war. Die Bauform wurde von den römischen Markt- und Gerichtshallen übernommen, daneben wurde häufig ein frei stehender Glockenturm errichtet. Weil man eine große Halle im Römischen Reich als Basilika bezeichnete, wurden im frühen Christentum auch große Kirchen so genannt. Bei einer Basilika (▶ Abbildung unten) ist das Hauptschiff durch Säulen oder Pfeiler von den niedrigeren Seitenschiffen getrennt. Der Innenraum wird mit einer flachen Holzdecke gedeckt.

◄ *Außen- und Innenansicht einer romanischen Kirche (▶ Schema auf S. 135)*

Romanik: Im Mittelalter entstanden etwa von 1000 bis 1250 die romanischen Kirchen in Deutschland. Diese Bauten strahlen eine burgähnliche Festigkeit aus; kennzeichnend sind vor allem die Rundbögen, tonnenförmigen Wölbungen und mächtigen Pfeiler. Die wuchtigen Säulen und die Wölbungen wirken aber keineswegs bedrückend wie bei anderen Bauten aus dieser Zeit, vielmehr strahlen romanische Kirchen für viele Gläubige durch ihre klaren Formen eine tiefe Ruhe aus.

Gotik: In Deutschland wurden Kirchen im gotischen Stil ab etwa 1250 bis 1500 erbaut. Charakteristisch sind Spitzbogen und Kreuzrippengewölbe (▶ Foto auf S. 108) sowie bunte Glasfenster und Türme, die nach oben hin spitz zulaufen.

Barock (▶ S. 110): Nach dem Dreißigjährigen Krieg (1618–1648) kam es in Deutschland zu einer neuen Blüte des Kirchenbaus. Von etwa 1650 bis 1775 baute man im Barockstil. Die Kirchen aus dieser Zeit wirken hell und weit und sind mit Gemälden und Stuck verziert. Senkrechte und waagerechte Linien sind geschwungen angelegt, die Deckengemälde wirken oft so, als schaue man direkt in den geöffneten Himmel.

Historismus: Von ca. 1820 bis 1910 wurden in vielen Dörfern und Städten Kirchen gebaut, die romanische, gotische und barocke Kirchen nachahmten. Die Menschen entdeckten das Schöne aus der Vergangenheit wieder und griffen es auf. Manchmal wurden auch Elemente aus verschiedenen Stilen miteinander kombiniert, z. B. romanische Tonnengewölbe mit gotischen, spitz zulaufenden Fenstern oder gotische Kreuzrippengewölbe mit barocken Gemälden.

Moderne (▶ Bild auf S. 118): Nie zuvor wurden in Deutschland so viele Kirchen gebaut wie nach dem Zweiten Weltkrieg. Neue Baustoffe und Konstruktionsmöglichkeiten führten zu einem Bruch mit früheren Baustilen. Beliebt sind ungewöhnliche Formen, Rundkirchen oder Kirchen, die an ein Zelt erinnern. Ein besonderes Merkmal des zeitgenössischen Kirchenbaus ist, dass der Altar stärker in den Mittelpunkt rückt.

Betlehem

Stadt auf einem Bergrücken 7 km südlich von ▶ Jerusalem . Dort gibt es viele Felsenhöhlen, die als Wohnungen und Ställe benutzt wurden. Betlehem war die Heimatstadt ▶ Davids und gilt in den ▶ Evangelien von Lukas und Matthäus als Geburtsort Jesu.

Bund

Das hebräische Wort *berit* im Alten Testament wird im Deutschen mit „Bund" übersetzt. Es kann einen Vertrag bezeichnen, durch den zwei gleichberechtigte Partner miteinander verbunden sind. Meist meint es aber

▲ *Portale in verschiedenen Baustilen: Romanik, Gotik und Barock (von links nach rechts)*

eine Vereinbarung zwischen zwei ungleichen Vertragspartnern: Ein Stärkerer gewährt einem Schwächeren Schutz, der sich dafür zu Gegenleistungen gegenüber dem Schwächeren verpflichtet. Einen ganz besonderen Bund schließt Gott in ▸ Gen 9 mit Noach (▸ S. 62) und in ▸ Gen 15 und ▸ Gen 17 mit Abraham (▸ S. 21). Gott sucht die Menschen und verspricht, immer bei ihnen zu sein; sie können sich bedingungslos auf seine Verheißung verlassen. Als Zeichen des Bundes gilt für die Juden bis heute die Beschneidung.

Das Neue Testament erzählt, dass Gott treu an seiner Zusage festhält (▸ Lk 1,72–73) und den Menschen erneut einen Bund anbietet. Dieser „Neue Bund" (▸ Lk 22,20) wird durch Leben, Tod und Auferstehung Jesu begründet. Damit führt Gott zu Ende, was er verheißen hat.

Credo (lat. *credo* = ich glaube)

Das Glaubensbekenntnis, Credo genannt, stellt eine Zusammenfassung christlichen Glaubens in kurzen Kernsätzen dar. Das wichtigste ist das sogenannte „Große Glaubensbekenntnis" (Gotteslob Nr. 586,2). Es wurde im 4. Jahrhundert n. Chr. festgelegt. Bis heute ist es allen großen christlichen Kirchen gemeinsam. Das kürzere „Apostolische Glaubensbekenntnis" (Gotteslob Nr. 3,4) geht auf das Taufbekenntnis der römischen Kirche im 3. Jahrhundert zurück. Es heißt „apostolisch", weil es den Glauben der Apostel treu bezeugt. Fast alle seine Aussagen gehen sogar wörtlich auf Aussagen des Neuen Testaments zurück.

Diese beiden Glaubensbekenntnisse sind jeweils in drei Abschnitte gegliedert, die den drei göttlichen Personen, Gott-Vater, Gott-Sohn und Gott-Heiliger Geist gewidmet sind. Das Glaubensbekenntnis ist ein Kennzeichen des christlichen Glaubens und soll gemeinschaftsstiftend und -erhaltend wirken. Wenn es allein oder in Gemeinschaft gesprochen wird, verbindet es die Betenden mit allen Christen und der ganzen Kirche. Das Glaubensbekenntnis wird in der Eucharistiefeier am Sonntag gesprochen, aber auch bei der Taufe und bei der Erneuerung des Taufversprechens in der Osternacht. Das will sagen: Wer sich zu dem, was das Credo beinhaltet, bekennt, ist Christ und Teil der Kirche.

David

David gilt als der größte König Israels. Er regierte im 10. Jahrhundert v. Chr., eroberte ▸ Jerusalem und machte die Stadt zur Hauptstadt. Weil David die Philister besiegte und das Reich Israel in seiner Zeit aufblühte, wurde er später das Vorbild für den ▸ Messias. Viele Juden hofften, dass der Messias sie von ihren Feinden befreien und wieder groß und mächtig machen werde. Deshalb wurde der Messias „Sohn Davids" genannt. Und diesen Titel erhält auch Jesus im neuen Testament: Für Christen ist Jesus Christus der Messias, der „Sohn Davids".

▲ *Englische Buchmalerei, 12. Jahrhundert*

David stammte aus ▸ Betlehem. Weil er als Autor vieler ▸ Psalmen gilt, wird David häufig mit einer Harfe abgebildet.

Dom

Als Dom bezeichnet man die bischöfliche Hauptkirche in einem Bistum. In Bayern gibt es in Augsburg, Bamberg, Eichstätt, Freising, München, Passau, Regensburg und Würzburg einen Dom (das Erzbistum München und Freising hat als einziges Bistum Bayerns zwei Dome). Das Wort „Dom" stammt vom lateinischen *domus Dei* und bedeutet „Haus Gottes". Manchmal wird damit auch einfach die Hauptkirche einer Stadt bezeichnet, die ansonsten oft Münster heißt. In anderen Ländern wird ein Dom ▸ Kathedrale genannt.

Dreifaltigkeit

In der christlichen Kirche bildete sich nach der Auferstehung Christi die Vorstellung eines dreifaltigen Gottes heraus (auch „dreieiner" oder „dreieiniger" Gott genannt): Vater, Sohn und Heiliger Geist. Man spricht darum auch von einem Gott in drei Personen.

Die Dreifaltigkeit kommt auch im Kreuzzeichen (▶ S. 91) zum Ausdruck und verdeutlicht für Christen die Vielfältigkeit ihres Gottes: Sie können ihn als väterlichen bzw. mütterlichen Schöpfer und Beschützer über sich spüren, als Freund neben sich und als ideengebende Kraft in sich.

Einheitsübersetzung

1962 begann die Arbeit an einer einheitlichen deutschen Bibelübersetzung für alle deutschsprachigen Bistümer, an der später auch die evangelische Kirche beteiligt war. 1978 war sie fertig. Seither wird diese Einheitsübersetzung in der katholischen Kirche im gesamten deutschsprachigen Raum im Gottesdienst und in der Schule verwendet. 2016 ist sie in einer überarbeiteten Textfassung erschienen.

Evangeliar

Als Evangeliar bezeichnet man die meist prachtvoll geschmückten Bücher mit dem Text der vier ▶ Evangelien, die für den Gottesdienst verwendet wurden. Besonders im Mittelalter waren die Bücher oft kostbar ausgestattet, mit einem mit Gold und Edelsteinen verzierten Umschlag und aufwendigen Illustrationen.

Evangelist

Die Verfasser der vier ▶ Evangelien am Anfang des Neuen Testaments werden als Evangelisten bezeichnet: Man nennt sie schon seit alter Zeit Matthäus, Markus, Lukas und Johannes.

Wer genau die Evangelien geschrieben hat, wissen wir nicht. Es waren Christen, die Jesu Botschaft nach seinem Tod aufgeschrieben haben und weitergeben wollten. Das Markus-Evangelium ist das älteste; es ist um 70 n. Chr. entstanden, also etwa vierzig Jahre nach Jesu Tod. Die anderen Evangelisten schrieben nur wenig später, zwischen 70 und 100 n. Chr.; teilweise kannten sie offenbar das Markus-Evangelium.

Evangelium, Evangelien

Das Wort „Evangelium" stammt aus dem Griechischen und bezeichnete ursprünglich eine „gute Nachricht" oder „Freudenbotschaft" – also eine Botschaft, die froh macht. Jesus verkündete die gute Nachricht, dass das Reich Gottes nahe ist (▶ Mk 1,14–15). Weil diese Zeit des Heils nach christlichem Glauben mit Jesus selbst begonnen hat, werden die vier Bücher im Neuen Testament, die von Jesu Leben und Wirken erzählen, Evangelien genannt. In der Messfeier wird als Höhepunkt des Wortgottesdienstes ein Abschnitt aus einem der Evangelien vorgelesen – auch diese Lesung nennt man Evangelium.

Fresko

Ein Fresko (von italienisch *fresco* = frisch) ist eine auf den frischen Putz aufgetragene Wand- oder Deckenmalerei, wie sie in Kirchen häufig zu finden ist. Durch die besondere Maltechnik verbindet sich die Farbe mit dem Kalkputz und bleibt dadurch besonders widerstandsfähig. Deshalb gibt es noch heute erhaltene Fresken z. B. aus dem Mittelalter. Manchmal wird auch jede Form von Wand- oder Deckengemälde als Fresko bezeichnet.

Gleichnis

Jesus brachte den Menschen seine Botschaft oft mit Erzählungen nahe, in denen er das Reich Gottes mit alltäglichen Gegenständen oder Situationen verglich, die oft eine überraschende Wendung nahmen. So konnten die Zuhörenden erfahren, dass das Reich Gottes mit ihrem Leben zu tun hat, dass bei Gott aber ganz andere Maßstäbe gelten. Mit seinen Gleichnissen erklärte Jesus seine Botschaft und warb zugleich um die Zustimmung seiner Zuhörerinnen und Zuhörer.

Gotik ▶ Baustile

Gutenberg, Johannes

Johannes Gutenberg lebte von 1397 bis 1468 in Mainz und hat den modernen Buchdruck erfunden: Er goss Buchstaben aus Metall, sogenannte Lettern, die zu Wörtern und Zeilen aneinandergereiht wurden. Diese konnten zu Seiten zusammengesetzt und in eine Druckerpresse eingespannt werden. Nach dem Druck wurden die Lettern wieder getrennt, sodass sie für neue Seiten zur Verfügung standen. Mit diesem Verfahren konnte Gutenberg Bibeln, die bis dahin mühsam von Hand abgeschrieben wurden, in größerer Stückzahl drucken (▶ S. 26).

Halbnomaden

Die Stammväter ▶ Israels, von denen die Bibel erzählt (z. B. Abraham oder Jakob), waren Halbnomaden. Nomaden sind wandernde Stämme oder Großfamilien, die mit ihren Viehherden – meist Schafen oder Ziegen – in Wüsten- und Steppengebieten umherziehen. Halbnomaden leben eher am Rand der Wüste. In der winterlichen Regenperiode treiben sie ihre Herden in die Steppe. Sie betreiben aber auch Ackerbau und leben teilweise sesshaft.

Hellenismus

Mit Hellenismus bezeichnet man die griechische Bildung und Kultur der Antike. Sie übte großen Einfluss auf andere Völker und Kulturen im Mittelmeerraum aus. Weite Teile der antiken Welt waren vom griechischen Lebensstil geprägt, der an vielen Orten nachgeahmt wurde. Aber nicht nur griechische Ideen, Kunst- und Baustile wurden übernommen; auch die griechische Sprache war im östlichen Mittelmeerraum die allgemeine Verkehrssprache. So konnten auch die ▶ Evangelien fast überall im ▶ Römischen Reich gelesen werden, weil sie auf Griechisch verfasst waren.

Hieronymus

Der heilige Hieronymus lebte im 4. Jahrhundert n. Chr. und war ein Gelehrter, der nicht nur Bibelauslegungen schrieb, sondern die gesamte Bibel aus dem Hebräischen und Griechischen ins Lateinische übersetzte. Aufgrund dieser Leistung zählt er zu den Kirchenvätern – das sind Bischöfe und Gelehrte aus den ersten nachchristlichen Jahrhunderten, die die christliche Lehre entscheidend geprägt haben.

Israel, Israeliten

Jakob, der Sohn Isaaks, erhielt der biblischen Überlieferung nach den Namen Israel, nachdem er nachts mit einem Unbekannten gerungen hatte: „Nicht mehr Jakob wird man dich nennen, sondern Israel – Gottesstreiter –; denn mit Gott und Menschen hast du gestritten und gesiegt" (▶ Gen 32,29). Aus seinen zwölf Söhnen und ihren Sippen gingen die zwölf Stämme Israels hervor, deren Mitglieder und Nachkommen Israeliten heißen.
Unter ▶ David und Salomo bildeten die Israeliten ein Königreich Israel in ▶ Kanaan. Dieses zerfiel nach dem Tod Salomos in zwei Teile: Das Nordreich wurde Israel genannt, das Südreich Juda. Später wurde zunächst das Nordreich erobert und zerstört (722 v. Chr.), dann auch das Südreich (586 v. Chr.), und das Gebiet gehörte verschiedenen Großreichen an. Im Jahr 63 v. Chr. wurde die Region von den Römern erobert und gehörte ab dem 1. Jahrhundert n. Chr. als Provinz

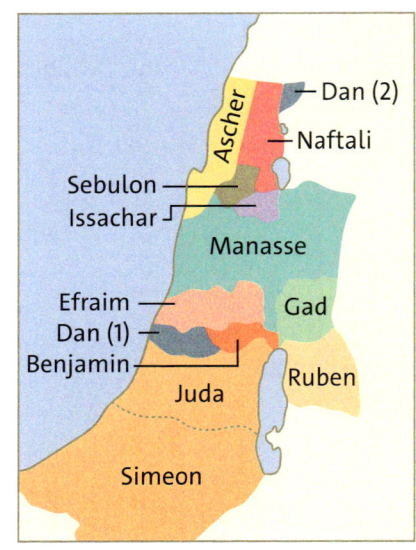

▲ *Die zwölf Stämme des Volkes Israel*

▶ Judäa zum ▶ Römischen Reich. Im Jahr 135 n. Chr. schlugen die Römer einen jüdischen Aufstand nieder, vertrieben die jüdische Bevölkerung aus Jerusalem und nannten das Land fortan ▶ Palästina.
Erst im 19. Jahrhundert gab es wieder verstärkt Bestrebungen von Juden, sich im Land anzusiedeln. Den Staat Israel gibt es seit 1948. Seine jüdischen Bewohner nennen sich heute „Israelis".

Jahwe

Im Alten Testament ist „Jahwe" der Name Gottes: Im Buch Exodus wird erzählt, dass Gott sich selbst diesen Namen gibt, der übersetzt so viel wie „Ich bin, der ich bin" oder auch „Ich bin der Ich-bin-da" bedeutet (▶ Ex 3,14). Wie der anschließende Auszug aus Ägypten zeigt, ist dieser Name sozusagen Programm: Gott hat Mitleid mit seinem Volk, ist für es da und begleitet es. Juden sprechen ihn aus Ehrfurcht bis heute nicht aus, sondern verwenden Umschreibungen wie „Adonai" (= Herr). Auch die neue ▶ Einheitsübersetzung verwendet darum statt „Jahwe" normalerweise „HERR".

Jerusalem

Die Stadt Jerusalem war in biblischer Zeit religiöses Zentrum des Volkes ▶ Israel mit dem ▶ Tempel des Königs Salomo. Für die Christen ist Jerusalem als Ort der Passion Jesu bedeutsam. Vor allem die Grabeskirche als Ort des Todes Jesu gilt als heilige Stätte. Schließlich ist Jerusalem auch für die Muslime eine wichtige Stadt, weil dort als muslimisches Heiligtum der weithin sichtbare „Felsendom" steht. Jerusalem ist also die Stadt, die den drei Religionen Judentum, Christentum und Islam heilig ist. Dadurch kommt es aber auch immer wieder zu Spannungen, z. B. dadurch, dass der muslimische Felsendom auf dem ehemaligen jüdischen Tempelberg steht.

Juda/Judäa

Juda hieß einer der zwölf Söhne Jakobs. Nach ihm trägt einer der Stämme ▶ Israels diesen Namen. Der Stamm Juda bewohnte den gebirgigen Süden des Landes. Nach dem Tod Salomos und der Teilung des Reiches Israel bekam das Südreich den Namen „Juda". Seine Hauptstadt war ▶ Jerusalem. Nach dem Ende des Südreichs und mit der Besetzung durch die Römer wurde die Gegend „Judäa" genannt;

die Bewohner wurden „Juden" genannt. Dieser Name wurde später auf alle Angehörigen des Volkes Israel übertragen.

Kanaan, Kanaaniter

Das Land zwischen Mittelmeer und Jordan, das später ▶ Palästina genannt wurde, hieß zu alttestamentlicher Zeit Kanaan. Die Völker, die dort wohnten, nennt man Kanaaniter. In der Bibel wird erzählt, dass Gott dieses Land den Stammvätern ▶ Israels versprochen („gelobt") hat. Deshalb nannte man es auch das „Gelobte Land".

Kathedrale

In England, Frankreich und Spanien werden die Hauptkirchen der Bischöfe seit dem Mittelalter Kathedralen genannt. Sie wurden nach dem Bischofsstuhl benannt, der damals seitlich im Chor (▶ Abbildung unten) stand und „Kathedra" heißt.
In Deutschland werden Kathedralen als ▶ Dom oder Münster bezeichnet.

Kirchenraum

Eine Kirche betritt man durch ein Portal (▶ Bilder auf S. 133). In allen Stilepochen wurden die Hauptportale großer Kirchen prachtvoll gestaltet. Danach durchschreitet man einen lang gestreckten Innenraum, der als Kirchenschiff oder Langhaus bezeichnet wird. Bei Kirchen, deren Räume durch Säulenreihen untergliedert sind, unterscheidet man das mittlere Hauptschiff (Mittelschiff) von den links und rechts davon angeordneten Seitenschiffen. Bei vielen älteren Kirchen wird das Langhaus im vorderen Drittel durch ein Querschiff oder Querhaus unterbrochen. Dadurch erhält der Grundriss der Kirche die Form eines Kreuzes. Am Überkreuzungspunkt entsteht die Vierung. Dem Eingang gegenüber wird der Kirchenraum durch den Chor mit einer meist halbkreisförmigen Apsis abgeschlossen. Der Chorraum ist oft um einige Stufen erhöht und nach Osten ausgerichtet. Hier steht der Hauptaltar.

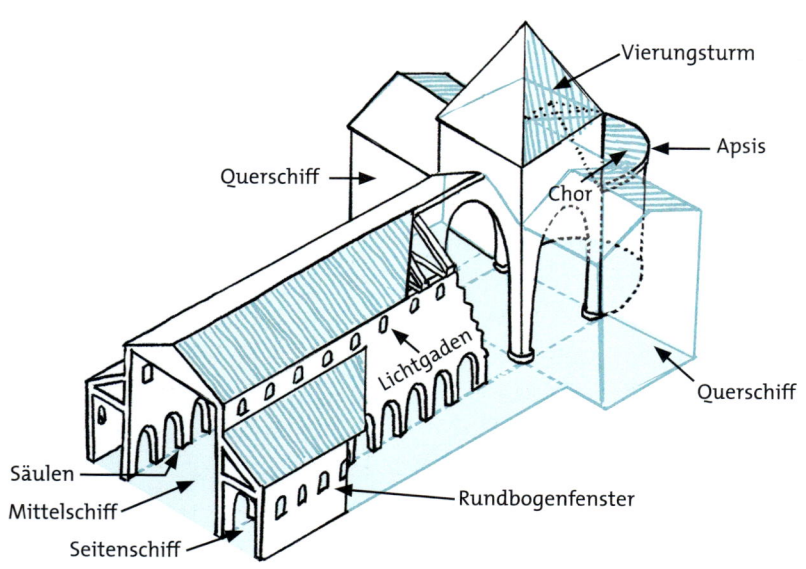

Vierungsturm

Apsis

Chor

Querschiff

Querschiff

Lichtgaden

Säulen

Mittelschiff

Seitenschiff

Rundbogenfenster

Dieses „klassische" Bauschema wird in modernen Kirchen, z. B. Rundkirchen, häufig durchbrochen.

Kodex

Ab dem 1. Jahrhundert n. Chr. kam neben der Schriftrolle der Kodex (Mehrzahl „Kodizes") in Gebrauch, der Vorläufer des modernen Buches. Damit bezeichnete man einen gebundenen Stapel aus gefalteten Papyrus- oder Pergamentblättern. Zusätzlich war dieser Stapel von zwei Holzbrettchen umschlossen. Ab dem 4. Jahrhundert war der Kodex allgemein üblich, weil er in der Handhabung praktischer war als die Schriftrollen, z. B. beim Nachschlagen und Vergleichen von Bibelstellen. In den Schreibstuben der Klöster entstanden oft umfangreiche und prachtvoll verzierte Kodizes. Nach der Erfindung des Buchdrucks im 15. Jahrhundert durch Johannes ▶ Gutenberg wurde der Kodex durch das Buch abgelöst.

Liturgie, liturgisch

Der Begriff Liturgie kommt aus dem Griechischen und bedeutet eigentlich „öffentlicher Dienst" bzw. „Dienst für das Volk". Liturgie bezeichnet die Handlungen und Abläufe eines Gottesdienstes, die in bestimmten Ordnungen festgelegt sind. Für die heilige Messe bedeutet dies z. B., dass die Messgewänder eine bestimmte Farbe haben, dass jeweils bestimmte Texte vorgesehen sind, dass es einen bestimmten „Ablaufplan" der Feier gibt und dass bestimmte Gegenstände verwendet werden.

Deshalb nennt man die Lesungen und Gebete im Gottesdienst auch „liturgische Texte". Dinge, die für den Gottesdienst gebraucht werden, nennt man „liturgische Gegenstände". Die Farben der liturgischen Gewänder, die im Gottesdienst getragen werden, drücken die Bedeutung der verschiedenen Zeiten im Kirchenjahr aus, z. B. Weiß an Weihnachten und Ostern als Farbe der Freude und des Lichts, Violett in der Fastenzeit als Farbe der Trauer und Buße, Rot an den Festen der Märtyrer und an Pfingsten als Farbe des Blutes und des Feuers.

Luther, Martin

Martin Luther wurde am 10. November 1483 in Eisleben geboren. Er trat als Mönch in ein Kloster in Erfurt ein, wurde Priester und beschäftigte sich intensiv mit der Bibel und dem Glauben. Er studierte an der Universität Wittenberg Theologie. Bald wurde er Doktor der Theologie und hielt nun selbst Vorlesungen.

▲ Martin Luther (Porträt von Lucas Cranach d. Ä., 1529)

Am 31. Oktober 1517 veröffentlichte er 95 Thesen zu den Missständen in der damaligen Kirche. Durch die Auseinandersetzungen, die er damit auslöste, kam es schließlich zur Kirchenspaltung und zur Entstehung der evangelischen Kirchen. Luther übersetzte auch die Bibel ins Deutsche, weil sie in den Gottesdiensten seiner Zeit nur in lateinischer Sprache gelesen wurde. Dadurch wollte er sie als Wort Gottes und Richtschnur des Glaubens für alle Menschen verständlich machen und prägte die deutsche Sprache bis heute.

Messias

Das Wort „Messias" stammt aus dem Hebräischen und bedeutet „Gesalbter". Gesalbte waren im Alten Testament Könige und Hohepriester. Durch die Salbung mit kostbarem Öl wurde auf die besondere Beziehung zu Gott hingewiesen und dass Gott sie für dieses Amt erwählt hat. Im Alten Testament ist häufig von Messias die Rede. Mit ihm verbinden die Menschen die Hoffnung, dass Gott zum Wohl seines Volkes eingreifen und sein Reich aufrichten wird. Zur Zeit Jesu gab es unterschiedliche Vorstellungen, wie der Messias bei seinem Kommen auftreten würde.

Bei der Übersetzung ins Griechische wurde der Begriff mit *Christos* wiedergegeben und später von lateinisch sprechenden Christen in der Form *Christus* übernommen. Wenn Jesus im Neuen Testament als Christus bezeichnet wird, ist damit gemeint, dass in ihm diese Hoffnung auf den

Messias verwirklicht ist: Durch ihn wird Gott ein Reich des Friedens und der Gerechtigkeit errichten. „Jesus Christus" ist also kein Eigenname, sondern ein Bekenntnis der Gläubigen: „Jesus ist der Messias", der Heil und Gerechtigkeit bringt.

Naturreligionen

Anhänger von Naturreligionen nehmen Göttliches in Erscheinungen der Natur wahr, etwa in der Sonne, im Wetter, in Bergen, Pflanzen oder auch Tieren. Einzelne Erscheinungen der Natur werden als von einer göttlichen Macht beseelt begriffen. Dabei kann z. B. ein Baum als Gestalt eines Baumgottes gesehen werden, oder der Baum ist Träger einer göttlichen Macht oder wird von dieser genutzt, um sich den Menschen zu zeigen. So können ein Baum, ein Felsen oder eine Quelle zu heiligen Stätten werden, an denen sich die Menschen dem Göttlichen nahe fühlen.

Palästina

Der Begriff „Palästina" hat eine geografische und eine politische Bedeutung. Geografisch bezeichnet er die Region zwischen Mittelmeer und Jordan, die zu alttestamentlicher Zeit ▸ Kanaan hieß. Zur Zeit Jesu sprach man von den Gebieten Galiläa, Samarien, ▸ Judäa und Peräa (▸ Karte auf S. 37), die von den Römern zur Provinz Judäa zusammengefasst wurden. Nach einem blutig niedergeschlagenen jüdischen Aufstand benannten die Römer die Provinz in Palästina um. Als politischer Begriff bezeichnet Palästina heute die von den Palästinensern beanspruchten Gebiete in ▸ Israel.

Prophet

Ein Prophet ist ein Mensch, der von Gott angesprochen wird und die Aufgabe erhält, seinen Mitmenschen den Willen Gottes zu verkünden und den richtigen Weg zu weisen. Seit dem 7. Jahrhundert v. Chr. traten in ▸ Israel immer wieder Propheten auf, die das Volk zur Umkehr riefen, wenn es sich von Gott ab- und anderen Göttern zugewandt hatte. Die Worte der Propheten Israels haben in achtzehn biblischen Büchern ihren Niederschlag gefunden (▸ S. 11).

Psalm (griech. = Loblied für Gott)

Psalmen sind Gebete und Lieder, die vor allem im Buch der Psalmen in der Bibel gesammelt sind. Im Vertrauen auf Gott bringen die Menschen in diesen Liedern und Gebeten alles, was sie bewegt, vor ihn. Sie seufzen, klagen, haben Angst, freuen sich, jubeln, lieben Gott, danken ihm und hoffen auf seine Hilfe. Das Buch der Psalmen umfasst 150 Psalmen und ist bis heute das wichtigste Gebetbuch für Juden und Christen.

Rabbi

Das Wort „Rabbi" stammt aus dem Hebräischen und bedeutet „Lehrer" oder „Meister". Früher war Rabbi im Judentum ein Ehrentitel für Menschen, die in der ▸ Tora besonders gelehrt waren und deren Vorschriften auslegten. Im Neuen Testament wird auch Jesus als Rabbi bezeichnet:

Er diskutierte mit anderen Schriftgelehrten, sammelte Jüngerinnen und Jünger um sich, lehrte in der ▸ Synagoge und antwortete auf theologische Fragen.

Auch heute gehört zu einer jüdischen Gemeinde ein Rabbiner. Er leitet die Gemeinde, vor allem aber gibt er Rat und legt die Schrift aus. Je nach Richtung des Judentums gibt es auch Rabbinerinnen.

Römisches Reich

Die Römer waren vor etwa 2000 Jahren das mächtigste Volk im Mittelmeerraum. Sie herrschten über ein riesiges Reich (Imperium Romanum). Zur Erleichterung der Verwaltung teilten sie ihr Weltreich in Provinzen ein. Zur Verwaltung der Provinzen wurden Statthalter eingesetzt, die, unterstützt von mehreren Legionen von Soldaten, für Ruhe und Ordnung sorgten. Bisweilen durften in den unterworfenen Gebieten jedoch auch Könige und Fürsten der besiegten Völker weiterregieren, wenn sie sich der römischen Oberherrschaft fügten. Seine größte Ausdehnung erreichte das Römische Reich unter Kaiser Trajan, der von 98 bis 117 n. Chr. regierte.

Die römische Herrschaft und Kultur veränderte das Leben und den Alltag der Menschen in den eroberten Gebieten stark. Zahllose Entwicklungen und Errungenschaften des Römischen Reichs prägen Europa bis heute.

Romanik ▸ Baustile

Sabbat

Der Sabbat ist im Judentum der siebte Tag der Woche, der auf unseren Samstag fällt. Er ist ein Tag der Ruhe, des Gebets und des Gottesdienstes. Besonders fromme Juden verrichten am Sabbat keinerlei Arbeit. Den Sabbat heilig zu halten, hat Gott in den Zehn Geboten aufgetragen – als Erinnerung an die Befreiung des Volkes ▸ Israel aus Ägypten (vgl. Ex 20,7–11; Dtn 5,12–15).

Sol invictus

Seit Kaiser Aurelian, der von 270 bis 275 n. Chr. regierte, wurde am 25. Dezember die Geburt des *Sol invictus*, des „unbesiegten Sonnengottes" gefeiert. Das Fest wurde aufwendig mit Sonnenwendfeuern, Festspielen und Wagenrennen begangen. Dargestellt wurde *Sol invictus* oft auf einem Pferdegespann mit einem Strahlenkranz um die goldenen Locken (▸ S. 46).

Symbol

Der Begriff „Symbol" stammt aus dem Griechischen und bedeutet so viel wie „zusammengeworfen" oder „vereinigt". Ein Symbol meint ein Bild, eine Geschichte oder auch einen Gegenstand, der mehrere Bedeutungsebenen in sich vereint. Die eine ist die mit den Sinnen wahrnehmbare und beschreibbare Ebene. Die andere Ebene umfasst zusätzliche Bedeutungen, Erfahrungen und Gefühle, die die Menschen mit dem Bild, der Geschichte oder dem Gegenstand verbinden. Jeder Mensch kann eigene, ganz individuelle Symbole entwickeln. Es gibt aber auch „allgemeingültige" Symbole, die eine tiefere Bedeutung sozusagen „in sich" tragen, weil eine Vielzahl von Menschen, z. B. eine Volksgruppe oder Religionsgemeinschaft, teilweise seit Jahrtausenden dasselbe damit verbinden. Besonders religiöse Symbole gehören zu denen, die einer Vielzahl von Menschen gemeinsam sind. Hier einige Beispiele:

Auge: Ein Symbol für Gott, der immer da ist.

Dreieck: Das gleichseitige Dreieck wird seit dem 14. Jahrhundert als Symbol für die Unendlichkeit Gottes verwendet, häufig in Kombination mit dem Auge. Oft steht es auch als Symbol für die ▸ Dreifaltigkeit Gottes.

Hand: Je nach Handhaltung sagt die Hand etwas über die Beziehung zwischen zwei Menschen aus. Häufig steht die Hand als Symbol für jemanden, der Halt gibt oder einen trägt. Eine offene Hand symbolisiert – weil sie keine Waffe oder geheimen Gegenstände in sich birgt – die friedliche Absicht eines Menschen. Dies ist auch der Ursprungsgedanke des Händeschüttelns als Gruß. Eine große Hand kann aber auch zermalmen und damit Gefahr ausdrücken.

Kreis: Da ein Kreis keinen Anfang und kein Ende hat, steht die Kreisform für Unendlichkeit und Ewigkeit. Ein Kreis ist stets symmetrisch, deshalb gilt er auch als Symbol für Harmonie und Vollkommenheit. Zugleich wirkt ein Kreis nicht starr und unbeweglich, sondern steht auch für Bewegung und Dynamik, wie es z. B. in dem Wort „Kreislauf" zum Ausdruck kommt. Die Kreisform spielt auch bei weiteren Symbolen eine Rolle, etwa beim Rad, Kranz, Ring oder auch der Sonne.

Labyrinth: Das Labyrinth ist ein Zeichen für eine langwierige Suche. Weil über verschlungene Pfade ein Weg in die Mitte führt (und wieder heraus), gilt es als Symbol des Lebenswegs.

Licht: Als Symbol für etwas Gutes, für Rettung und Erlösung, steht das Licht oft im Kontrast zur Dunkelheit.

Quadrat: Vieles, was Menschen gestalten, ist viereckig oder quadratisch. Im Quadrat sind die Dinge geordnet. Es steht für Festigkeit und Beständigkeit und symbolisiert oft die Erde.

Synagoge

Eine Synagoge ist ein jüdisches Gebetshaus, in dem die Gottesdienste der jüdischen Gemeinde am ▸ Sabbat stattfinden. Auch Unterricht und Begegnung finden dort statt. Das Wort „Synagoge" stammt aus dem Griechischen und bedeutet „Versammlung".

Tempel

Tempel sind Gebäude, in denen seit alters her Götter verehrt werden. Sie galten als Wohnort der Götter und wurden darum von den Gläubigen normalerweise nicht betreten. Im Gegensatz zu anderen Religionen hatten die

▲ *Die Klagemauer in Jerusalem (rechts) mit der Kuppel des Felsendoms und dem Minarett der Al-Aksa-Moschee (links).*

Juden in der Antike nur einen einzigen Tempel. Gläubige Juden pilgerten zu den großen Wallfahrtsfesten – dem Paschafest, dem Erntefest und dem Laubhüttenfest – nach Jerusalem, um im Tempel Opfer darzubringen. Der Jerusalemer Tempel wurde insgesamt dreimal gebaut:

- Den ersten Tempel bauten die Israeliten um 950 v. Chr. unter der Herrschaft König Salomos. Er wurde im Jahr 586 v. Chr. von den Babyloniern zerstört. Die Babylonier gliederten ▸ Juda in ihr Reich ein und verschleppten die jüdische Oberschicht ins Exil.
- 537 v. Chr. eroberten die Perser das babylonische Reich und erlaubten die Rückkehr der Verschleppten. Ein neuer Tempel wurde errichtet und 515 v. Chr. vollendet.
- Im Jahr 20 v. Chr. begann König Herodes der Große einen gigantischen Umbau, der erst 64 n. Chr. fertiggestellt wurde. Der gesamte Tempelbezirk mit einer Fläche von

ca. 90 000 Quadratmetern nahm damals etwa ein Sechstel der Stadtfläche Jerusalems ein (▸ Bild auf S. 37). Dieser herodianische Tempel wurde im Jahr 70 n. Chr. – nur wenige Jahre nach seiner Fertigstellung – von den Römern in einem Krieg zerstört.

Heute ist vom Jerusalemer Tempel nur noch ein Teil der Westmauer zu sehen, die von den Juden Klagemauer genannt wird. Auf dem Tempelplatz selbst stehen die Al-Aksa-Moschee und der Felsendom, zwei Heiligtümer des Islams.

Tora (auch: Thora)

Dieses Wort stammt aus dem Hebräischen und bedeutet „Gesetz, Weisung, Lehre" (gesprochen „Torá" mit Betonung auf der letzten Silbe). Es bezeichnet im Judentum vor allem die ersten fünf Bücher der Bibel, die auch „die fünf Bücher Mose" genannt werden. Mit Tora können aber auch die heiligen Schriften der Juden, die Hebräische

Bibel insgesamt, bezeichnet werden. Die Schriftrolle mit dem Text der Bibel heißt dann Torarolle oder kurz Tora. Sie wird in einem Schrein oder einer besonderen Nische in der ▸ Synagoge aufbewahrt. In jedem jüdischen Gottesdienst wird die Tora geöffnet und daraus vorgelesen – es ist eine Ehre, wenn man dazu aufgerufen wird. Auch Jesus hat in der Synagoge aus der Tora gelesen (▸ S. 10).

Wallfahrt

Eine Wallfahrt oder Pilgerreise ist eine Form der Gottsuche und der Gottesbegegnung. Gläubige machen sich auf den Weg zu einem besonderen Ort, oft zu einer Kirche, in der ein bestimmter Heiliger oder eine Heilige verehrt wird, oder zu einem Ort, der an ein besonderes Ereignis erinnert. Eine Wallfahrt hat aber nicht nur einen Ort als Ziel, sondern auch den Zweck, Gott und sich selbst auf dem Weg näherzukommen.

Eine Wallfahrt kann man allein oder in Gruppen, zu Fuß oder mit einem Verkehrsmittel antreten. Oft tragen die Pilger auch bestimmte Anliegen zu ihrer Pilgerstätte und bitten die Heiligen dort um Unterstützung in ihrem Gebet. Auch aus Dank für eine erhörte Bitte machen sich manche Gläubige auf den Weg. Davon legen in vielen Wallfahrtskirchen Votivgaben Zeugnis ab – das sind Dankesgaben, z. B. gestaltete Kerzen, beschriftete Tafeln, selbst gemalte Bilder oder aus Wachs modellierte Körperteile, an denen man Heilung erfahren hat.

Gesamt-Netzkarte

Diese Übersicht zeigt die Stationen auf eurer Reise durch das Schuljahr. Damit könnt ihr zusammen mit eurer Lehrerin, eurem Lehrer eigene Lernwege planen. Die Umsteigehaltestellen zeigen, wo thematische Querverbindungen zwischen den Kapiteln möglich sind.

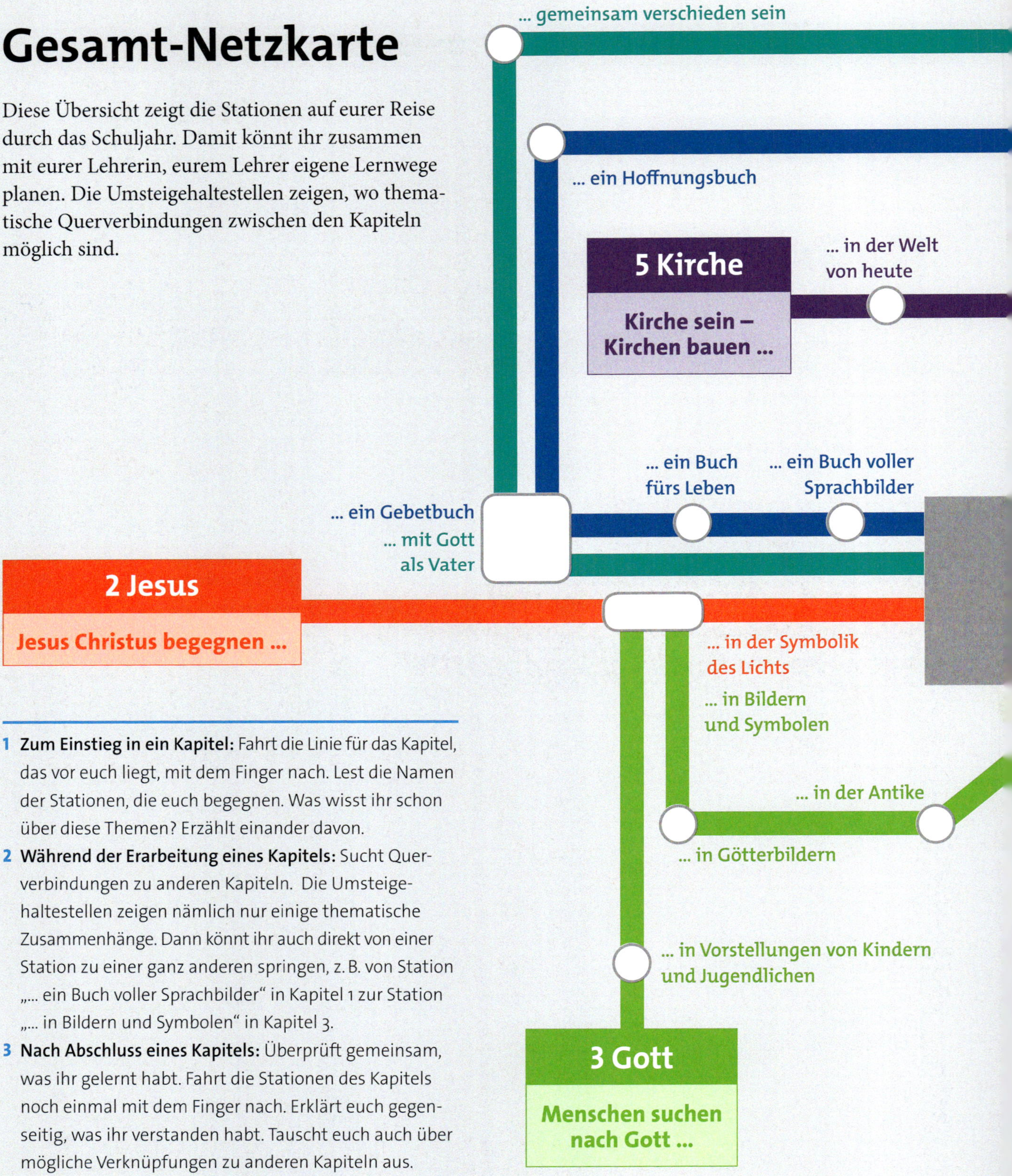

... gemeinsam verschieden sein

... ein Hoffnungsbuch

5 Kirche

... in der Welt von heute

Kirche sein – Kirchen bauen ...

... ein Buch fürs Leben

... ein Buch voller Sprachbilder

... ein Gebetbuch
... mit Gott als Vater

2 Jesus

Jesus Christus begegnen ...

... in der Symbolik des Lichts

... in Bildern und Symbolen

... in der Antike

... in Götterbildern

... in Vorstellungen von Kindern und Jugendlichen

3 Gott

Menschen suchen nach Gott ...

1 **Zum Einstieg in ein Kapitel:** Fahrt die Linie für das Kapitel, das vor euch liegt, mit dem Finger nach. Lest die Namen der Stationen, die euch begegnen. Was wisst ihr schon über diese Themen? Erzählt einander davon.

2 **Während der Erarbeitung eines Kapitels:** Sucht Querverbindungen zu anderen Kapiteln. Die Umsteigehaltestellen zeigen nämlich nur einige thematische Zusammenhänge. Dann könnt ihr auch direkt von einer Station zu einer ganz anderen springen, z. B. von Station „... ein Buch voller Sprachbilder" in Kapitel 1 zur Station „... in Bildern und Symbolen" in Kapitel 3.

3 **Nach Abschluss eines Kapitels:** Überprüft gemeinsam, was ihr gelernt habt. Fahrt die Stationen des Kapitels noch einmal mit dem Finger nach. Erklärt euch gegenseitig, was ihr verstanden habt. Tauscht euch auch über mögliche Verknüpfungen zu anderen Kapiteln aus.

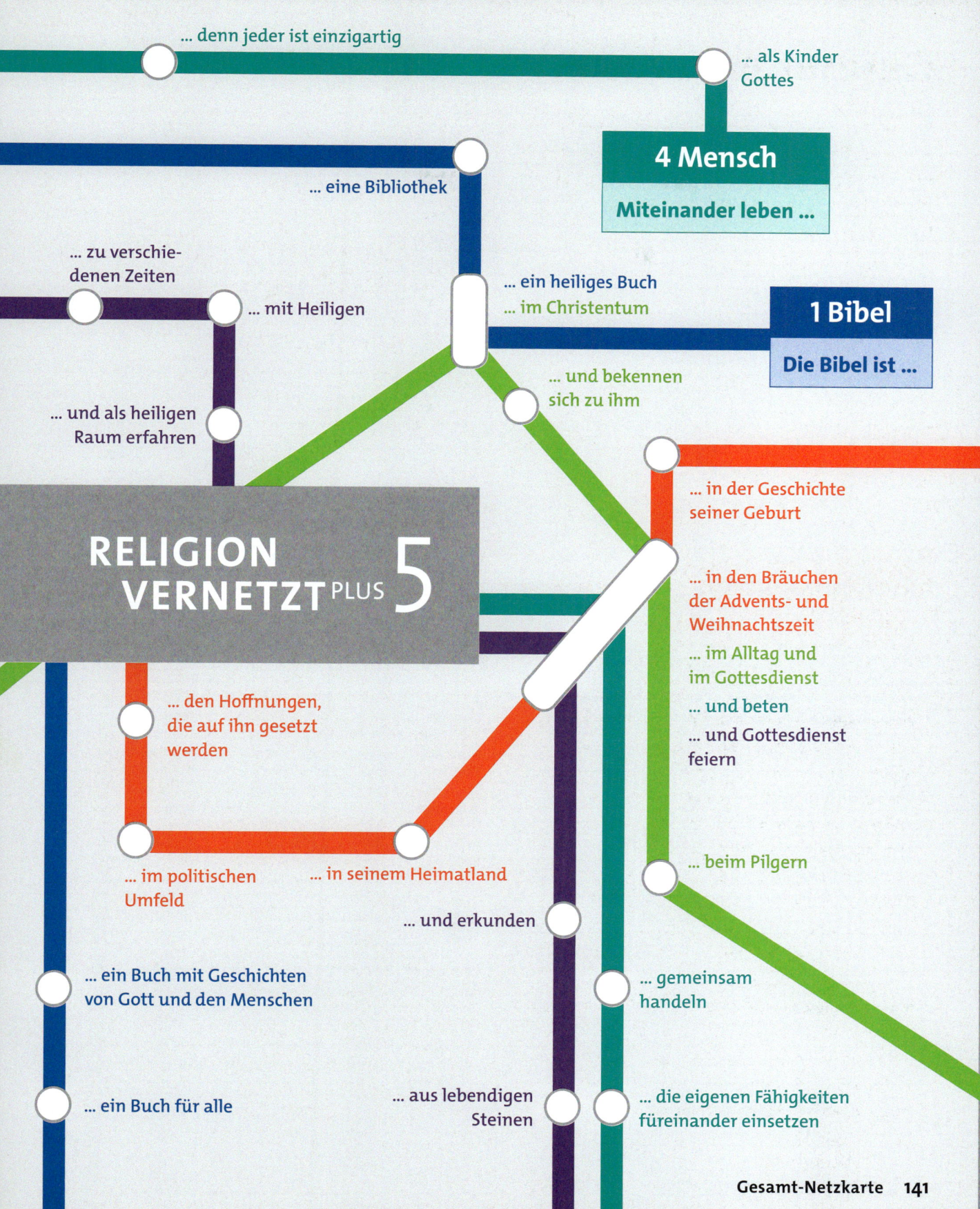

... denn jeder ist einzigartig

... als Kinder Gottes

4 Mensch
Miteinander leben ...

... eine Bibliothek

... zu verschiedenen Zeiten

... mit Heiligen

... ein heiliges Buch
... im Christentum

1 Bibel
Die Bibel ist ...

... und bekennen sich zu ihm

... und als heiligen Raum erfahren

... in der Geschichte seiner Geburt

RELIGION VERNETZT PLUS 5

... in den Bräuchen der Advents- und Weihnachtszeit

... im Alltag und im Gottesdienst

... und beten

... und Gottesdienst feiern

... den Hoffnungen, die auf ihn gesetzt werden

... beim Pilgern

... im politischen Umfeld

... in seinem Heimatland

... und erkunden

... gemeinsam handeln

... ein Buch mit Geschichten von Gott und den Menschen

... ein Buch für alle

... aus lebendigen Steinen

... die eigenen Fähigkeiten füreinander einsetzen

Verzeichnis der Bibelstellen

Quellennachweis

Alle Texte ohne Quellenangabe stammen von den Autorinnen und Autoren dieses Bandes. Die Zitate von Analuisa Cusán (S. 7), Michael Kneißl (S. 9) und Bernardeth Caero Bustillos (S. 21) wurden eigens für dieses Buch zur Verfügung gestellt.
Die Fotos auf S. 114 und 116 sind mit freundlicher Unterstützung der katholischen Pfarrgemeinde Herz Jesu, Mönchengladbach-Rheydt, entstanden.
Bibeltexte zitiert nach: Einheitsübersetzung der Heiligen Schrift, vollständig durchgesehene und überarbeitete Ausgabe © 2016 Katholische Bibelanstalt GmbH, Stuttgart

Bilder

Cover li.: s. S. 70 | re.: S. 23   4 o.: s. S. 7 | S. 30 | S. 54   5 o.: S. 78 | u.: S. 102   6 Quint Buchholz (*1957), Eines Morgens im November, © 1990 Quint Buchholz   7 Quint Buchholz (*1957), Nachts, mit Buch, © 1988 Quint Buchholz   8/9 entlang der Netzkartenlinie, li. S. 9 beginnend: s. S. 29 | S. 13 Mi. | S. 15 | S. 17 | S. 23 | S. 26   10 Bildagentur Huber/R. Schmid   12 Handschrift aus Qumran: Große Jesaja-Rolle (1QJesa), Pergament, 7,34 m, Israel-Museum, Jerusalem, Foto: akg/Bible Land Pictures   13 Evangeliar von Lindisfarne, ca. 710–721, British Library, London, Cotton MS Nero D IV, fol. 25v, Foto: akg-images   15 Al-Siq in Petra/Jordanien, Fotolia/© Pakhnyushchyy   17 Walter Habdank (1930–2001), In manibus tuis, 1972, Holzschnitt, 53 × 36 cm © www.habdank-walter.de/© VG Bild-Kunst, Bonn 2017   18 o.: © Deutscher Handwerkskammertag (DHKT) | u.: Corbis/© Philadelphia Museum of Art/Werbeagentur: Ruf Lanz Werbeagentur AG   21 Abraham-Fresko aus der Synagoge von Dura-Europos/Syrien, um 250 n. Chr., Nationalmuseum, Damaskus, Foto: Bridgeman/© Zev Radovan   23 Marc Chagall (1887–1985), Abraham und die drei Engel, 1960–1966, Öl auf Leinwand, 190 × 292 cm, bpk/RMN – Grand Palais/Gérard Blot © VG Bild-Kunst, Bonn 2017/Musée National Marc Chagall, Nizza   25 Rembrandt van Rijn (1606–1669), Der barmherzige Samariter, um 1644, Feder laviert, 15,8 × 22,1 cm, Staatliche Museen zu Berlin, Kupferstichkabinett, Foto: akg-images   26 v. o. n. u.: picture-alliance/dpa | J. L. Beuzon, Gutenberg-Werkstatt, Buchillustration aus den 1920er-Jahren, akg-images/Science Photo Library | Shutterstock/Karin Hildebrand Lau | action press/REX FEATURES LTD.   27 ddp images   29 von o. li. im Uhrzeigersinn: Margaretha Pawlischek, München | Shutterstock | Alamy Images/Jasminko Ibrakovic | © Abtei Königsmünster, Meschede | Margaretha Pawlischek, München | picture-alliance/Godong | Bild Mitte: © KNA   30 Trygve Skogrand (*1967), Away in a Manger, 2008, digitale Collage, 34 × 34 cm, Privatbesitz, Foto: Bridgeman Images/© Trygve Skogrand   31 Cartoon: © Thomas Plaßmann, Essen   32/33 entlang der Netzkartenlinie, re. S. 32 beginnend: s. S. 46 | S. 39 | S. 37 o. re. | S. 44   37 von o. li. im Uhrzeigersinn: Fotolia/© Phish Photography | Fotolia/© misterbike | Colourbox | Shutterstock/AGPHOTOS. Colourbox | Colourbox | Picture Press/Geo/Jochen Stuhrmann   39 li.: Im Eretz Israel Museum in Tel Aviv ausgestellte Goldmünze, Mauritius images/Alamy | re.: © Bibelhaus Erlebnis Museum, Frankfurt am Main, www.bibelhaus-frankfurt.de   42 Ausschnitt aus einem Sarkophagrelief, Museo Pio Cristiano, Rom, Vatikanische Museen Inv.-Nr. 190, 2. Drittel 4. Jh., Foto: akg-images/Tristan Lafranchis

43 Ausschnitt aus einem Sarkophagrelief, Museo Pio Cristiano, Rom, 4. Jh., Inv.-Nr. 31459, mauritius images/Lanmas/Alamy **44/45** Rogier van der Weyden (1399/1400–1464), Dreikönigsaltar (Columba-Altar), um 1455, Öl auf Eichenholz, Mitteltafel 138 × 153 cm, Seitenflügel je 138 × 70 cm, Alte Pinakothek München, Foto: akg-images/MPortfolio/Electa **46** Mosaik, Vatikan/Petersdom (Nekropole), 3. Jh., Foto: bpk/Scala **47** picture alliance/ROPI **48** © Matthäus Krinner, Oberfischbach, www.hias-krinner.de **49** epd-bild/Gustavo Alàbiso **53** Leszek M. Zegalski (*1959), Das Letzte Abendmahl, 1992, © Leszek M. Zegalski **54** Wolfgang Mattheuer (1927–2004), Labyrinth, 1994, Öl auf Hartfaserplatte, 100 × 125 cm, Kunstreferat der Diözese Würzburg, Foto: Ulrich Kneise, Eisenach/© VG Bild-Kunst, Bonn 2017 **56/57** entlang der Netzkartenlinie, li. S. 56 beginnend: s. S. 58 | S. 61 | S. 63 | S. 66 | 69 | 71 | S. 72 | 74 **58** li.: © Lukas Bauer | re.: © Isabel Dinkel, Feucht **59** li.: © Jonas Kranz, Feucht | re.: © Dustin Kobiela, Schwarzenbruck (Gsteinach) **61** Fresko aus der Kirche Sant Climent in Taüll/Katalonien, um 1130, Foto: Culture-images/FAI **62** Stele aus Ugarit/Syrien, ca. 1350–1250 v. Chr., Sandstein, 142 cm hoch, Musée du Louvre, Paris, Foto: akg-images/Erich Lessing **63** Votivgabe des Tempels von Baalat-Gebal, Byblos/Libanon, 19./18. Jh. v. Chr., Bronze vergoldet, 4 × 6 cm, Musée du Louvre, Paris, Foto: akg-images/Erich Lessing **65** Duccio di Buoninsegna (um 1255–1319), Hosea, Vorderseite der Maestà aus dem Dom zu Siena, 1308–1311, Tempera und Goldgrund auf Holz, 42,5 × 16 cm, Foto: akg-images/Electa **66** li.: F1 online | re.: R.N.: 2/5866/0025 issued by the Directorate of Capital Transfer, Guarantees and Loans Department A of the Ministry of Finance, Greece **69** © Ludwig Witt **71** Dreifaltigkeitsfresko, um 1390, St. Jakobus, Urschalling, Foto Berger, Prien **72** Labyrinth, Fußboden der Kathedrale von Chartres/Frankreich, Anfang 13. Jh., schwarze und graue Steinplatten, Durchmesser ca. 12,5 m, Foto: © Jill K H Geoffrion, www.jillgeoffrion.com, www.praywithjillatchartres.com **74** Josef Altmann, Markt Eschlkam **75** Fotolia/© cevahir87 **77** Wordcloud © Armin Rohrwick/Publik-Forum 5/2012 **78** Auguste Rodin (1840–1917), Die Hand Gottes oder Die Schöpfung, 1896, Marmorausführung von Seraphin Soudbinine 1902, 94 × 82,5 × 54,9 cm, Paris, Musée Rodin, Foto: akg-images/Jean-Claude Varga **80/81** entlang der Netzkartenlinie, re. S. 81 beginnend: s. S. 82 | S. 85 | S. 87 | S. 93 | S. 88 | S. 96 | S. 98 **82** Michelangelo Buonarroti (1475–1564), Die Erschaffung Adams, Ausschnitt aus dem Deckenfresko in der Sixtinischen Kapelle, 1508–1512, Foto: akg-images/Erich Lessing **85** Grafik: Fotolia/© Andrey Burmakin **86** v. li. n. re.: Corbis | action press/Bevilacqua, Giulianoaction press | Photoshot | picture-alliance/Süddeutsche Zeitung **87** © Ute Lennartz-Lembeck, Remscheid **88** von o. re. im Uhrzeigersinn: Fotolia/© godfer | Mauritius images/Alamy | Mauritius images/Alamy | Mauritius images/Alamy | Shutterstock/Champion studio | Foto Mitte o.: Shutterstock/Ermolaev Alexander | Foto Mitte u.: Shutterstock/paul prescott **92/93** Siegfried A. G. Angermüller/SAGA (*1945), Gemäldezyklus zum Vaterunser, 1991, Acryl auf Segeltuch, 180 × 130 cm je Gemälde, © VG Bild-Kunst, Bonn 2017 **94** li.: Shutterstock/littleny | re.: Fotolia/Daylight Photo **95** Cartoon aus: Hauck & Bauer, Hier entsteht für Sie eine neue Sackgasse, © Verlag Antje Kunstmann GmbH, München 2010 **96** Shutterstock/racorn | Fotolia/© Picture-Factory96 **98** Foto: © Ricarda Miller, 2010 | Logo: © Verein „Gemeinsam für Afrika – Eine Schule hilft Schülern in Burkina Faso", 1995–2016 **100** Kruzifix von Heinrich Bäumer (1929) in der Ludgerikirche Münster; Kath. Pfarrgemeinde St. Lamberti, Foto: Andreas Lechtape, Münster **101** Toni Zenz (1915–2014), Der Hörende, 1958, Bronzeplastik in der Pax-Christi-Kirche, Essen; Rechte bei Hildegard Zenz, Foto: Peter Wallmann, Essen, 2017 **102** Blick in die Kuppel der Grabeskirche, Jerusalem, Foto: Laif/Naftali Hilger **103** Cartoon: Alle Rechte bei Werner Tiki Küstenmacher **104/105** entlang der Netzkartenlinie, li. S. 104 beginnend: s. S. 107 re. u. | S. 108 | S. 112 | S. 115 o. | S. 116 o. re. | S. 118 | S. 120 **106** v. li. n. re.: Igloo Church Our Lady of Victory in Inuvik/Kanada, Fotolia/© Falk | Kirche in Ilulissat/Grönland, Fotolia/© cybercrisi | Le Corbusier, Notre Dame du Haut in Ronchamp/Frankreich, 1950–55, © FLC/VG Bild-Kunst, Bonn 2017, Foto: Shutterstock/AWBT | Crystal Cathedral in Garden Grove/USA, Shutterstock/Gertjan Hooijer | St. Patrick's Cathedral in New York, Shutterstock/robert cicchetti | Sagrada Familia, Barcelona, Fotolia/© 135pixels | Santuario de las Lajas in Ipiales/Kolumbien, Fotolia/© RCH | Einfache Holzkirche in Sesfontein/Namibia, Shutterstock/Michel Piccaya | Oscar Niemeyer, Kathedrale von Brasilia, 1970 © VG Bild-Kunst, Bonn 2017, Foto: Fotolia/© dabldy | Santo Tomás in Chichicastenango/Guatemala, Shutterstock/Stefano Ember **107** v. li. n. re.: Holzkirche in Banica/Polen, Fotolia/© pkazmierczak | Schneekirche in Sibirien, Shutterstock/alpinetrail | Katholische Kirche in Japan, Fotolia/© japal | Petersdom in Rom, Fotolia/© refresh(PIX) | Orthodoxe Kirche in Irkutsk/Russland, Fotolia/© alex_tsarik | St.-Marien-Kathedrale in Tokio, Fotolia/© Yusei | Koptisch-orthodoxes St.-Pischoi-Kloster im Wadi el-Natrun/Ägypten, Fotolia/© Pavle | Koptisch-orthodoxe Kirche in Sharm El-Sheikh/Ägypten, Fotolia/© Guzel Studio | Katholische Kirche in Ranigarh/Indien, Shutterstock/Zvonimir Atletic | Kirche in Französisch-Polynesien, Fotolia/© Uladzik Kryhin| Sankt-Antonius-Kirche in Maputo/Mosambik, Fotolia/© derejeb | Cardboard Cathedral in Christchurch/Neuseeland, Shutterstock/alarico | Kathedrale von Maputo/Mosambik, Shutterstock/Fedor Selivanov | Saint Mary's Cathedral in Sydney, Shutterstock/pandpstock001 **108** Foto: Süddeutsche-Zeitung-DIZ/Stefan Kiefer | imageBROKER **109** Grafik: akg-images **110** Foto: Mauritius images/imageBROKER/Martin Moxter **111** o.: Laif/Thomas Kost | u.: Residenz Würzburg, Kaisersaal © Bayerische Schlösserverwaltung, Foto: Achim Bunz, München **112** li.: St. Martins-Skulptur in der Dorfkirche Inching, Interfoto/Toni Schneiders | re.: Michel Erhart (ca. 1440/1445–1522), Schutzmantelmadonna, um 1480, Lindenholz mit ursprünglicher Fassung, Höhe 135 cm, BPK/Skulpturensammlung und Museum für Byzantinische Kunst, SMB (Liebfrauenkirche Ravensburg, Inv. Nr. 421)/Foto: Jörg P. Anders **113** St. Barbara, um 1450, Apsis, Pfarrkirche St. Peter, Straubing, INTERFOTO/Bahnmüller **114** Foto: Peter Wirtz, Dormagen **115** alle Fotos aus der Kirche Herz-Jesu, München-Neuhausen: Rolf Hartmann, München | Foto o.: © Jena Passoth für Allmann Sattler Wappner Architekten **116** Peter Wirtz, Dormagen **117** Fotos von o. im Uhrzeigersinn: Fotolia/© Marc Dietrich | Fotolia/© leopold | Fotolia/© AK-DigiArt **118** F1 online/Josef Wildgruber **120** Fotos: Marlis Büsching, Kaufungen | Logos: © KjG Bundesstelle e.V.; J-GCL Bundesstelle; © Bundesamt St. Georg e.V.; KSJ-Bundesamt **121** Fotos: © KNA-Bild/Wolfgang Radtke | Logos: © KjG Bundesstelle e V.; © Bundesamt St. Georg e.V.; KSJ-Bundesamt; J-GCL Bundesstelle **123** Clip Dealer/© Andrew Sproule **130** Foto: Augustus-Statue in Rom, Bronze, Via dei Fori Imperiali, 1930er-Jahre, Nachbildung der Marmorstatue des Augustus von Prima Porta (20–17 v. Chr.), Fotolia/© Alessandro dyd **132** Westminster Psalter, 12. Jh., British Library, London, MS Royal 2 A XXII, fol. 14v, Foto: Culture-images/Lebrecht Music & Arts **136** Lucas Cranach d. Ä. (1472–1553), Porträt von Martin Luther, 1529, Öl auf Leinwand, 36,5 × 23 cm (Ausschnitt), Uffizien, Florenz, Foto: akg-images/De Agostini Picture Lib. **139** Fotolia/© Rudolf Tepfenhart

Texte und Lieder

11 Klaus Meine zit. nach: www.die-bibel.de/ueber-uns/unsereueberset-zungen/lutherbibel-2017/prominente-und-die-lutherbibel/edition-klaus-meine/ (Abruf 26.07.2017)   15 Zitat Julien Green gekürzt nach: Julien Green, Junge Jahre. Autobiographie, Teil 1. Übersetzt von Eva Rechel-Mertens. Bearbeitet und ergänzt durch Anne Morneweg und Claus Koch, München/Berlin: Herbig 1986, S. 65   17 Zitat Eduard Lohse nach: Eduard Lohse, Vorrede zur Heiligen Schrift, in: Lutherbibel. Taschenausgabe ohne Apokryphen, Stuttgart: Deutsche Bibelgesellschaft 1985, S. 6* | Lied: Anton Schwarzmann, Forchheim   19 Zitat Ulla Hahn leicht gekürzt aus: Ulla Hahn, Das verborgene Wort, München: Deutsche Verlags-Anstalt 2001, S. 89   22 Text leicht gekürzt nach: Werner Laubi, Geschichten zur Bibel. Ein Erzählbuch. Band 3: Abraham. Jakob. Josef, Lahr/Düsseldorf: Kaufmann/Patmos 1990 (2. Aufl.), S. 30–32   23 Zitat Michael Krüger aus: Friedrich Vilshofen (Hrsg.), Und Gott sprach … Biblische Geschichten neu erzählt, München: Hanser 2003, S. 8   25 Zitat Frère Roger aus: Das Unverhoffte gestalten. Brief zur Eröffnung des Konzils der Jugend am 30. August 1974, zit. nach: Frère Roger, Die Regel von Taizé. Mit dem Brief „Das Unverhoffte gestalten". Deutsche Übersetzung: Communauté de Taizé, Herderbücherei 365, Freiburg i. Br.: Herder 1974 (7. Aufl.), S. 81–93, hier: S. 93   27 Zitat Jürgen Ebach aus: Jürgen Ebach, „Übersetzen – Üb' Ersetzen!". Von der Last und Lust des Übersetzens, in: Bibel und Kirche 1/2014, S. 2   31 Zeitungstext, frei bearbeitet auf der Basis einer dpa-Pressemeldung, Dezember 2016   39 Inschrift von Priene zit. nach: Anneliese Hecht, Lektorenhilfe „Hochfest der Geburt des Herrn", www.bibelwerk. de/sixcms/media.php/185/a_03_e_heilig_abend_lk.pdf, S. 5 (Abruf 7.12.2016)   44 Magnificat peruanischer Landarbeiterinnen zit. nach: Ralph Olbrich, Unterrichtsbausteine. Unterrichtsreihe zur Jugendaktion Indian Love. Missio Jugendaktion 10/11, hg. von missio, Aachen (dort: M8)   47 Zitat aus dem Lebensbeschreibungen des Thomas von Celano, zit. nach Niklaus Kuster, Franziskus. Rebell und Heiliger, Freiburg i. Br.: Herder 2009 (2. Aufl.), S. 89   49 Text „Adventswurzel" angelehnt an: Claudia Pfrang/Marita Raude-Gockel, Das große Buch der Rituale, München: Kösel-Verlag 2007, S. 86   50 Text „Abenteuer Advent" inspiriert von: Burkhard Schönwälder (Hrsg.), Wir sagen euch an … Hausbuch zur Advents- und Weihnachtszeit, München: Kösel-Verlag 2003, S. 61 | Text „Erscheinung des Herrn" angelehnt an: Claudia Pfrang/Marita Raude-Gockel, Das große Buch der Rituale, München: Kösel-Verlag 2007, S. 142f.   52 Elmar Gruber, Mensch geworden, aus: Elmar Gruber, Leben will ich. Gebete für junge Menschen, Freiburg i. Br.: Herder 1994 (5. Aufl.), S. 50   55 aus: Ulrich Hub, An der Arche um Acht, München: dtv junior 2015 (12. Aufl.), S. 10f. © 2013 S. Fischer Verlag GmbH, Frankfurt a. M.   58/59 Zitate „Henrik, Lena, Anna, Felix" nach: Karina Möller, Persönliche Gottesvorstellungen junger Erwachsener. Empirische Erkundungen der Sekundarstufe II im Großraum Kassel. Beiträge zur Kinder- und Jugendtheologie, Bd. 4, Kassel: kassel university press 2010, S. 142, 137, 143, 148, www.uni-kassel.de/upress/online/frei/978-3-89958-826-2.volltext.frei.pdf (Download 7.12.2016)   59 Zitat „Andreas" aus: Kinderbriefe an den lieben Gott. Gesammelt von Eric Marshall und Stuart Hample. Übertragung ins Deutsche von Gerhard Timmer, Gütersloh: Gütersloher Verlagshaus 1985 (Name redaktionell von „Asmus" zu „Andreas" geändert)   60 Dagmar Bröker, Gottesbilder, aus: Christel Voß-Goldstein (Hrsg.), Abel, wo ist deine Schwester? Frauenfragen. Fragengebete, Düsseldorf: Patmos 1987, S. 72f.   66 Text „Mythos Europa" verändert nach: www.kindernetz.de/infonetz/politik/europa/stier/-/id=43808/nid=43808/did=43802/3lp920/index. html (Abruf 7.12.2015)   69 Zitat Johannes Paul II.: Ansprache vom 13. April 1986 beim Treffen mit der jüdischen Gemeinde in der Synagoge von Rom © Copyright 1986 – Libreria Editrice Vaticana   70 Liedtext: dt. Text Fritz Baltruweit, alle Rechte im tvd-Verlag, Düsseldorf; Musik: Per Harling, Copyright Ton-Vis Produktion AB Per Harling, Uppsala   71 gekürzt nach: Rainer Oberthür, Glauben Christen an drei Götter?, aus: Albert Biesinger/Helga Kohler-Spiegel, Was macht Jesus im Brot? Wissen rund um Kirche, Glaube, Christentum. Kinder fragen – Forscherinnen und Forscher antworten, München: Kösel-Verlag 2013, S. 158f. | Hans Küng, Credo. Das Apostolische Glaubensbekenntnis – Zeitgenossen erklärt, München: 1995 (5. Aufl.), S. 202   72 Lothar Zenetti, Wie komme ich zu Gott?, aus: Lothar Zenetti, Auf Seiner Spur. Texte gläubiger Zuversicht, Mainz: Matthias Grünewald 2001 (2. Aufl.), S. 74   73 Lied: © Jesus-Bruderschaft e.V., Gnadenthal   75 Zitate gekürzt nach: Hape Kerkeling, Ich bin dann mal weg. Meine Reise auf dem Jakobsweg, München: Piper 2006, S. 20f., 241, 218   77 Eigene, freie Fassung einer Wanderlegende aus dem 13. Jahrhundert, die seit dem 15. Jahrhundert mit Augustinus verbunden wird   79 aus: Rainer Maria Rilke, Geschichten vom lieben Gott, Erstveröffentlichung 1904, stark gekürzte und bearbeitete Fassung auf der Basis von http://gutenberg.spiegel.de/buch/geschichten-vom-lie-ben-gott-8342/2 (Abruf 6.10.2017)   82 Zitat aus: Søren Kierkegaard, Ausgewählte christliche Reden. Aus dem Dänischen übersetzt von Julie von Reincke, Gießen: J. Riecker'sche Verlagsbuchhandlung (Alfred Töpelmann) 1901, S. 58   87 Zitat Ute-Lennartz-Lembeck aus: RP online, 15. März 2015, frei gefasst nach: www.rp-online.de/nrw/staedte/neukirchen-vluyn/dorfmasche-strickt-tipi-fuer-neukirchen-vluyn-aid-1.4942830 (Abruf 6.20.2017) | Zitate der Teilnehmenden der Aktion nach: http://wir-wollen-vielfalt.de/eindruecke-3/eindrueckereaktionen-auf-das-tipi/ (Abruf 4.1.2016): 1. Aus einem Brief von Susanne Elsenbruch. 2. Aus einem Brief von Dagmar Dähnert, GGS-Waldschule Lohmar.   89 Text aus Kenia: www.beten-online.de/beten.php?rubrik=&gebet=39530 (Abruf 4.1.2016) | Text „Darf man für den Sieg seiner Mannschaft beten?": www.rp-online.de/politik/deutschland/kolumnen/gott-und-die-welt/darf-man-fuer-densieg-seiner-mannschaft-beten-aid-1.4364857 (Abruf 4.1.2016)   92/93 frei bearbeitete und gekürzte Fassung, nach Clyde Lee Herring, 1977, deutsch: Andreas Malessa, aus: Kriegsruf 4/78, hrsg. v. d. Heilsarmee in Deutschland, Köln   94 Antony de Mello, Ein Gebet buchstabieren, aus: Anthony de Mello, Warum der Schäfer jedes Wetter liebt. Weisheitsgeschichten. Aus dem Englischen von Ursula Schottelius, Freiburg i. Br.: Herder 2003, S. 21 | Fynn, „Hallo Mister Gott, hier spricht Anna", übersetzt von Helga Heller-Neumann, Frankfurt a. M.: S. Fischer Taschenbuch Verlag 2010, S. 19f.   96 Tweet des Papstes: twitter.com/pontifex_de/status/483912966874480640 (Abruf 4.1.2016) © Libreria Editrice Vaticana   99 Zitat Dietrich Bonhoffer: aus: Dietrich Bonhoeffer, Widerstand und Ergebung 1940–1945. Werkausgabe, Band 16, hrsg. v. Jørgen Glenthøj, Ulrich Kabitz und Wolf Krötke, Gütersloh: Kaiser 1996, S. 657f. (Juni 1944, aus einer Auslegung zu 1 Petr 3,9 für Eberhard und Renate Bethge)   100 Lied: © Strube Verlag, München/Berlin   101 Zitat aus: Søren Kierkegaard, Die Lilien auf dem Felde. Drei Beichtreden, 1843, zit. nach http://gutenberg.spiegel. de/buch/drei-beichtreden-5546/1 (Abruf 5.1.2017)   103 Gotthold Ephraim Lessing, Die Sperlinge, aus: Gotthold Ephraim Lessing, Fabeln. Drei Bücher. Nebst Abhandlungen mit dieser Dichtungsart verwandten Inhalts, Erstdruck Berlin 1759 (Erstes Buch, Nr. 17)   121 Text „Ministrantengruppe", verändert und bearbeitet aus: Matthias Bahr/Hans Schmid (Hrsg.), Religion verstehen 5, Berlin: Cornelsen (Kösel Schulbuch) 2017, S. 102   122 Schriftgrafik: Siegfried Macht, Kirchenräume begreifen. 70 Bausteine für Kirchenbesuch und Klassenzimmer, Lahr 2002   137 Text „Psalm" nach: Matthias Bahr/Hans Schmid (Hrsg.), Religion verstehen 5, Berlin: Cornelsen (Kösel Schulbuch) 2017, S. 117